Eng, steil und laut:
Das neue Mainzer Stadion

Ein Bautagebuch in Bild und Text

Herausgeber:
Grundstücksverwaltungsgesellschaft
der Stadt Mainz mbH (GVG)

Autoren:
Ferdinand Graffé, Martina Martin,
Dr. Claus Binz, Klaus Bierbaum,
Beate Lemmer, Dr. Stefan Nixdorf,
Bernd Schmitt, Wolfgang E. Trautner,
Winfried Weiss, Peter Wolf

Fotografen:
Carsten Costard, Alfons Rath (Luftbilder)

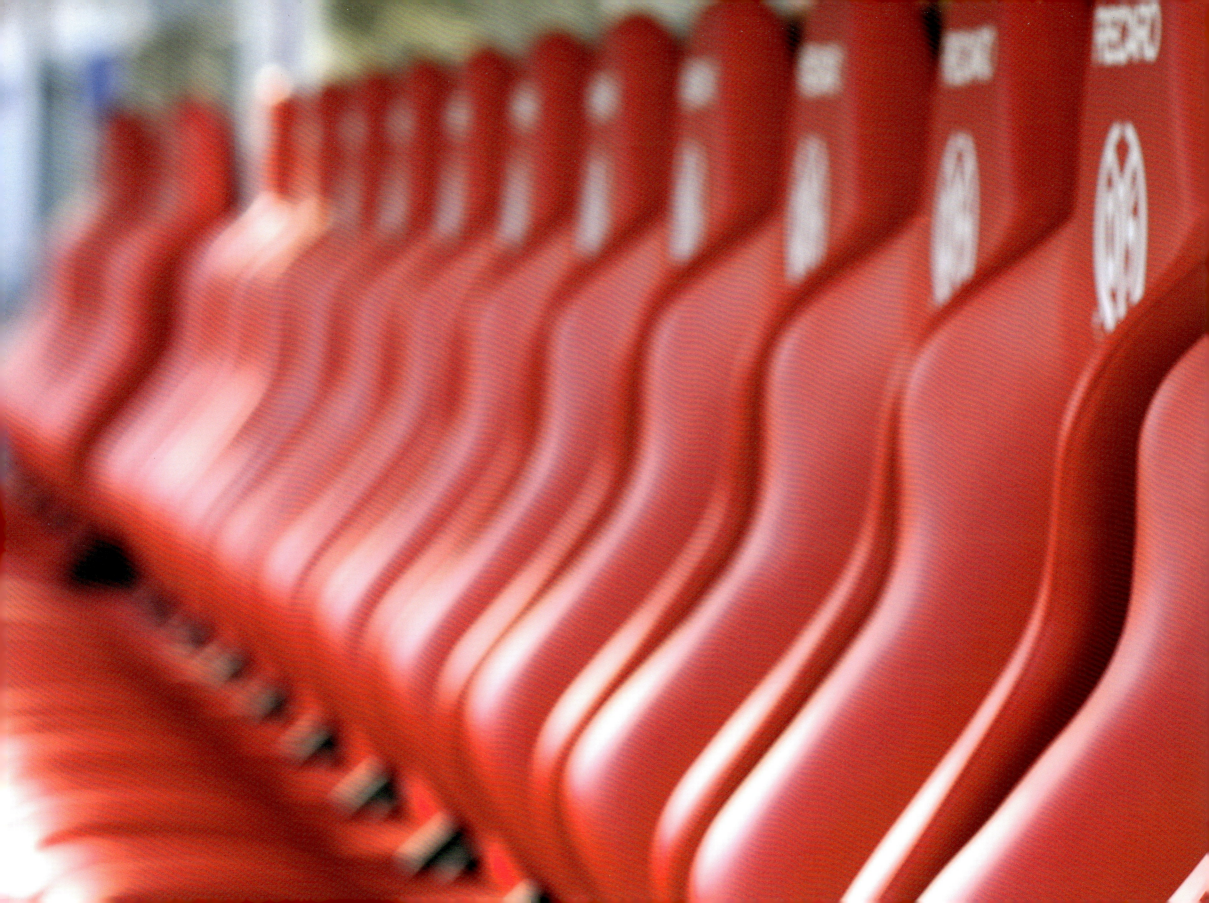

„Nach fast acht Jahrzehnten Bruchweg erstrahlt in Mainz ein neues Stadion."

Franz Ringhoffer
Geschäftsführer der GVG

Vorwort

2007 steht die Entscheidung fest. Nach fast acht Jahrzehnten soll ein neues Stadion den Bruchweg ablösen. Stadt und Land einigen sich mit Mainz 05 auf den Bau eines neuen Stadions in der Nähe der Mainzer Universität – der Doppelnutzung der dort vorhandenen Parkplätze, der direkten Verfügbarkeit von Grund und Boden und des kurzen Weges zum Hauptbahnhof wegen.

Doch eigentlich begann die Geschichte viel früher. Das Vereinspräsidium hatte schon länger die Trommel für einen Neubau gerührt. Dies prägte die Diskussion um ein neues Stadion. Und wenn es nicht weiter ging, drohte man auch schon mal mit einem Umzug nach Wiesbaden. Ob die Drohung fruchtete, bleibt dahingestellt. Doch die Standortsuche auf Mainzer Seite hat so manche schweißnasse Stirn bei allen Beteiligten erzeugt. Leider kann nicht alles veröffentlicht werden, was die Autoren erlebt und gehört haben. Doch eines ist sicher: Alle Stammtische von Mainz und Umgebung haben ein wenig recht und auch ein wenig nicht.

So wie bei jedem größeren Projekt, das Auswirkungen auf die Öffentlichkeit oder Allgemeinheit hat, gibt es Befürworter und Gegner. Beim Stadionneubau ist es nicht anders. In Mainz sowieso nicht. Wer sich für deren Argumente interessiert, möge sich in der Presse bedienen oder im Internet informieren. Die Befürworter waren schließlich allenthalben so zahlreich, dass geplant und gebaut wurde.

Dieses Buch beschreibt die Planung, behandelt die Vorbereitung, dokumentiert die Bauphase und präsentiert das Ergebnis mit vielen noch nicht veröffentlichten Fotos. Zahlen, Daten und Fakten runden die Information ab.

An dieser Stelle möchte ich mich ausdrücklich bei allen Autoren für deren kompetente und unentgeltliche Mitwirkung bedanken, sonst hätte das vorliegende Werk so nicht entstehen können.

Mainz, März 2012

Franz Ringhoffer
Geschäftsführer der GVG

5. August 2011 | *Vorige Doppelseite: 11. Mai 2009*

Die Entstehung

3. November 2009

594 Betonpfähle, jeder 14 Meter lang und mit einem Kantenmaß von 30 mal 30 Zentimeter, werden mit einem Sechs-Tonnen-Hammer als Tiefengründung eingebracht.

Vorher wurden 25.000 Kubikmeter Oberboden abgetragen und nach Budenheim zur Modellierung des dortigen Golfplatzes verbracht. 115.000 Kubikmeter Bodenaushub waren für die Tieferlegung des Rasens erforderlich. Weitere 25.000 Kubikmeter Bodenaushub erfolgten für die Fundamente und Rohrgraben in den Promenaden.

27. November 2009
Die Pfähle haben ein Gesamtvolumen von
850 Kubikmetern und wiegen 2.042 Tonnen.

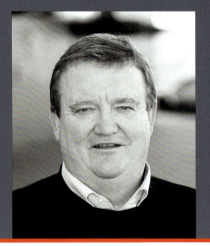

„Als qualifizierte planerische Grundlage fand
der Masterplan ein hohes Maß an Akzeptanz bei
allen Beteiligten."

Bernd Schmitt
Stadtplaner, Stadtplanungsamt Mainz

Der Plan

Die Standortsuche stand zu Beginn im Zeichen einer großen Enttäuschung. Über einen Zeitraum von mehr als anderthalb Jahren hatten der Verein, der 1. FSV Mainz 05, und die Stadt Mainz mit großem Einsatz das neue Stadion „Am Europakreisel" geplant. Ein qualifizierter, mit vielen Fachleuten abgestimmter Masterplan lag bis zum Ende des Jahres 2007 vor. Alle Beteiligten waren guter Dinge, die wenigen Grundstücke, die für diesen Stadionstandort noch benötigt worden wären, noch erwerben zu können.

Dies war aber ein Trugschluss ... !

Anfangs war es noch ein Geheimnis, doch bald sickerte durch, dass bei wenigen der sogenannten Schlüsselgrundstücke die Eigentümer nicht zu deren Verkauf zu bewegen waren. Nicht ganz ernst gemeinte Beiträge, wie „ ... da werden die Herren Fußballprofis eben um ein oder zwei Grundstücke herumdribbeln müssen", machten schon die Runde und drückten manche Frustration aus diesen Tagen im Januar und Februar 2008 aus.

Masterplan für den neuen Standort
Völlig unerwartet für uns Planer konnte dann doch in kurzer Zeit ein neuer Stadionstandort präsentiert werden. Dieser trug ebenfalls das Etikett „Europakreisel" und war nur circa 400 Meter vom bisherigen Standort entfernt. Der große Vorteil des neuen Standortes lag darin, dass für das Projekt „Stadion" nunmehr hinreichend Grundstücke zur Verfügung standen. Nicht gerade üppig, aber doch genügend Fläche, um die geplante Stadionanlage an dieser Stelle positionieren zu können.

Um nicht noch mehr Zeit zu verlieren, wurde umgehend ein Masterplan für den neuen Stadionstandort erarbeitet. Einige Elemente der „aufgegebenen" Masterplanung vom ersten Standort konnten in mehr oder weniger modifizierter Form auf den neuen Standort übertragen werden. Andere Aspekte mussten wiederum vollkommen neu entwickelt werden. In einer Rekordzeit von gut einem Monat lag ein neuer Masterplan im Entwurf vor.

Diese Masterplanung wurde danach mit allen Fachdisziplinen der Stadt und Experten von externen öffentlichen und privaten Institutionen bis hin zu kompetenten Vertretern von DFB und DFL abgestimmt. Durch Kontakte mit anderen Städten konnten Erfahrungen, die nicht zuletzt wegen der zur WM 2006 gebauten Stadien dort vorhanden waren, bei der Masterplanung übernommen werden.

Kompetenz und professionelle Arbeit

Mit der Erstellung des Masterplanes für den Stadionneubau wurde eine qualifizierte planerische Grundlage geschaffen, die ein hohes Maß an Akzeptanz bei allen Beteiligten fand. Für den zu diesem Zeitpunkt noch zu erstellenden Bebauungsplan und selbst für die spätere Realisierung der Stadionanlage wurden anhand dieser informellen Planung entscheidende funktionale Zusammenhänge frühzeitig abgeklärt.

Aus der heutigen Sicht kann mit Fug und Recht dieses Ansinnen als äußerst gelungen bezeichnet werden. Vergleicht man den Masterplan aus dem Jahr 2008 mit der im Sommer 2011 in Betrieb genommenen Stadionanlage, sind viele Gemeinsamkeiten erkennbar. Einige Inhalte des Masterplanes finden sich in modifizierter Form wieder und – was vollkommen normal ist – einige wenige Aspekte weichen davon ab. Die wesentlichen funktionalen Elemente, die den Masterplan ausmachen, wurden aber bei der Bauleitplanung und bei der Realisierung berücksichtigt. Dies zeugt von der Kompetenz und der professionellen Arbeit aller an der Masterplanung beteiligten Personen.

Ein zentrales Thema war, wie der Standort verkehrstechnisch erschlossen werden kann. Das am neuen Stadion verfügbare Gelände ließ nur begrenzt Flächen für das Parken zu. Auch auf dem benachbarten Campus der Johannes Gutenberg-Universität konnte selbst an Wochenenden der Parkraum nur zum Teil zur Verfügung gestellt werden, den ein Stadion mit 34.000 Zuschauern benötigt. Deshalb setzte das Verkehrskonzept vor allem auf die Karte „Öffentlicher Personennahverkehr (ÖPNV)".

Verkehrskonzept für den öffentlichen Nahverkehr

Mehr als die Hälfte der Stadionbesucher werden per Bus-Shuttle vom Mainzer Hauptbahnhof zum neuen Stadion und wieder zurück gebracht. Auf diese Weise konnte das am Mainzer Hauptbahnhof vorhandene leistungsfähige ÖPNV-Angebot in vollem Umfang genutzt werden. Die Verkehrserschließung des neuen Stadions war somit nachhaltig gesichert.

Der Stadionalltag in der Bundesliga hat zwischenzeitlich bewiesen, dass trotz aller Unkenrufe das Verkehrskonzept sehr gut funktioniert. Es war von Beginn an klar, dass sich noch verschiedene „Kinderkrankheiten" ergeben werden. Betreiber neuer Stadien andernorts in der Republik wären aber froh darüber, wenn sie sich „nur" mit diesen Mainzer „Kinderkrankheiten" hätten beschäftigen müssen.

1.600 Einwendungen werden geprüft

Beim Thema Bauleitplanung ging es um zwei gleichzeitig betriebene Verfahren. Einerseits ▶

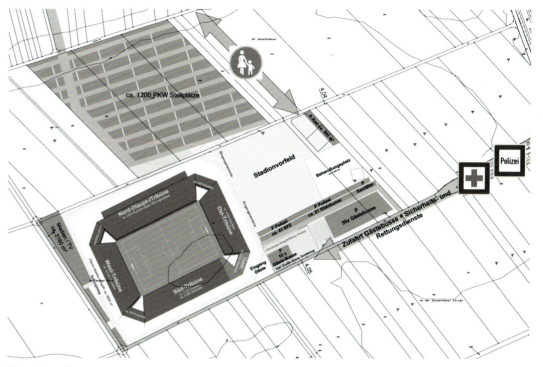

Masterplan

Alle Fachdisziplinen der Stadt Mainz, Experten von externen öffentlichen und privaten Institutionen sowie Vertreter von DFB und DFL arbeiteten am Masterplan mit.

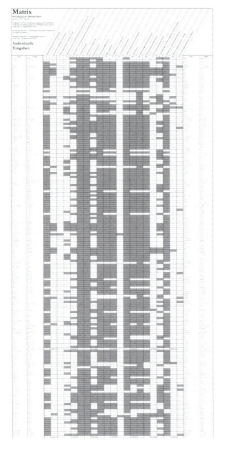

XXL-Matrix

1.600 Einwendungen der Bürger wurden in der XXL-Matrix thematisch zusammengefasst und derjenigen Person zugeordnet, die den Einwand eingebracht hatte.

war es der Bebauungsplan „B 157", der die eigentliche Stadionanlage mit ihrem direkten Umfeld beinhaltet, und andererseits der Bebauungsplan „B 158", mit dem die planungsrechtlichen Voraussetzungen für die zur Stadionerschließung benötigten Verkehrsanlagen geschaffen wurden. Im räumlichen Bereich des „B 157" musste parallel noch der gültige Flächennutzungsplan der Stadt Mainz geändert werden. In der zweiphasigen Öffentlichkeitsbeteiligung hatten sich außerordentlich viele Bürgerinnen und Bürger geäußert, was dazu führte, dass einzelne Inhalte der Stadionplanung nochmals geändert wurden. Die fachliche Prüfung der mehr als 1.600 Eingaben allein aus der Offenlage der Pläne war eine wahre Herkulesarbeit für alle Beteiligten. Zwar handelte es sich bei dem Gros der Einwendungen um vorgefertigte, nur noch von den Einwendern unterzeichnete Schreiben „gleichen" Inhalts. Viele der meist handgeschriebenen Ergänzungen und Korrekturen machten aber die Bearbeitung dieser Eingaben nicht leichter, ganz zu schweigen von den individuell verfassten und fachlich sehr fundierten Beiträgen, bis hin zu einem etwa 100-seitigen Schriftsatz einer im Planungsrecht kompetenten Anwaltskanzlei.

18 Monate für Planungsrecht

Bei der Bewältigung dieser Aufgaben konnten die Erfahrungen aus früheren Planungsprojekten vergleichbarer Größenordnung genutzt werden. Die Eingaben wurden thematisch zusammengefasst, in dieser Form fachlich abgehandelt und konnten dadurch in übersichtlicher Form von den städtischen Gremien beraten und verabschiedet werden. Dabei half den Mitgliedern der städtischen Gremien eine „XXL-Martix", aus der einfach hervorging, von welcher Person die jeweils vorgetragene Thematik stammte. Für die Einwender brachte dieses Vorgehen den Vorteil, dass die danach jedem Einzelnen zugesandte Antwort, alle im Rahmen der öffentlichen Auslegung vorgebrachten Themen aufgriff und behandelte.

Etwa 18 Monate dauerte die Schaffung des Planungsrechts. In Anbetracht der Komplexität der Planungsaufgabe, der massiven Widerstände und der daraus resultierenden umfangreichen Eingaben von Bürgerinnen und Bürgern war diese Verfahrensdauer ein durchaus „sportliches" Unterfangen. Am 23. September 2009 erfolgte der finale Satzungsbeschluss zu den „Stadion-Bauleitplänen" im Stadtrat. Mit dem Satzungsbeschluss und dem Inkrafttreten der beiden Stadion-Bebauungspläne „B 157" und „B 158" im Dezember 2009 wurde ein wesentlicher Meilenstein gesetzt, das Planungsrecht für das neue Mainzer Stadion war aber noch nicht in trockenen Tüchern.

Fachliche Stellungnahmen füllen Aktenordner

In Anbetracht des heftigen Widerstandes zahlreicher Bürgerinnen und Bürger war es dann keine Überraschung mehr, als mehrere Anwohner eine Normenkontrollklage beim Oberverwaltungsgericht (OVG) Rheinland-Pfalz in Koblenz gegen den Bebauungsplan „B 157" einreichten. Ende September 2010 verhandelte im Rahmen einer mehrstündigen, von medialer Seite her intensiv beobachteten Sitzung das Oberverwaltungsgericht diese Klage. Im Vorfeld dieser Gerichtsverhandlung mussten mehrere Aktenordner füllende fachliche Stellungnahmen zu den unterschiedlichsten Themen erarbeitet werden.

Mit dem Urteil vom 20. Oktober 2010 lehnte das Oberverwaltungsgericht Rheinland-Pfalz den gegen den Bebauungsplan „B 157" gestellten Normenkontrollantrag mit einer kleinen Einschränkung ab. Gegen das Urteil wurde keine Revision zugelassen. Das Oberverwaltungsgericht entschied, dass der angegriffene Bebauungsplan im Wesentlichen den Anforderungen an das Abwägungsgebot genüge. Beanstandet wurde lediglich, dass ein direkt neben dem Stadion durch den Bebauungsplan „B 157" zugelassenes Parkdeck hätte begrünt werden müssen. Am Rande sei erwähnt, dass das kritisierte Parkdeck aktuell nicht gebaut wurde und nur als mögliche Option für die Zukunft galt. Im Übrigen wurde das sehr komplexe Bauleitplanverfahren vom Oberverwaltungsgericht als fehlerfrei und der Bebauungsplan „B 157" als wirksam beurteilt.

Die planungsrechtlichen Grundlagen für den Bau des neuen Stadions waren somit gerichtlich bestätigt. Die letzte und entscheidende Hürde konnte mit Bravour gemeistert werden. Der Vollendung der Coface Arena stand planungsrechtlich nichts mehr im Wege. ■

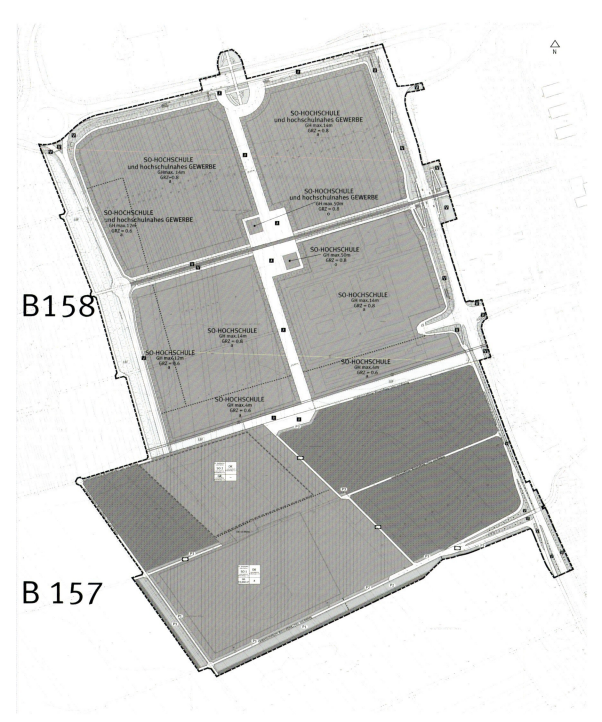

Bauleitplanung

Die Bebauungspläne für die Stadionanlage (B 157) und die Verkehrsanlagen zur Erschließung des Stadions (B 158).

3. Dezember 2009
Der erste Baukran wird gestellt.

16. Dezember 2009
Die Bodenplatte der Haupttribüne wird mit Bewehrungsstahl vorbereitet. Die Grundleitungen für Abwasser und Regenwasser werden in die Bewehrung eingehängt und verlaufen im Erdreich. Sie sind 3.500 Meter lang. Weitere 3.100 laufende Meter werden oberirdisch verlegt.

DIE ENTSTEHUNG

21. Dezember 2009

16. Februar 2010
Der harte Winter macht eine
Wärmeisolierung der frisch betonierten
Filigranpfosten notwendig.

DIE ENTSTEHUNG

DIE ENTSTEHUNG

„Mit dem Auftrag, das neue Stadion planen und bauen zu lassen, hatte die GVG ein richtig großes und schwieriges Projekt übernommen."

Ferdinand Graffé
Prokurist der GVG, Generalbevollmächtigter
für Planung und Bau des Stadions

Das Grundstück

Ausbau am Bruchweg. Ein Neubau? Aber wo? Das beschäftigte viele ein ganzes Jahr. Und schon war 2005 vorbei. Erst mit einer detaillierten Standortanalyse vom Institut für Sportberatung im Auftrag des 1. FSV Mainz 05 e. V. – Anfang 2006 an die Stadt übergeben – kam Leben in das Thema.

Bereits im Juni waren in einem vom Stadtplanungsamt initiierten Masterplan die besten Synergien für den Standort am Europakreisel auf Gonsenheimer Gelände definiert, also die Nähe zu drei überörtlichen Straßen (Autobahn A 60, Saarstraße, Koblenzer Straße), die kurzen Wege für die Zubringerbusse zum Hauptbahnhof und die Parkplätze im Universitätscampus.

Die GVG wurde beauftragt, zu prüfen, ob mindestens 6,5 Hektar zusammenhängender Fläche an der Saarstraße zu erwerben sei. Anfang August waren mit 115 Eigentümern Gespräche geführt. 44 Zusagen konnten verbucht, aber auch fünf strikte Gegner ausgemacht werden.

Dämpfer

Ende September 2006 stockten die Gespräche. Insbesondere der Druck über die Presse hatte bei den Zögerlichen die Zustimmungsbereitschaft gedämpft. Auch das Gespräch von Bürgermeister Norbert Schüler und Wirtschaftsdezernent Franz Ringhoffer am 23. November mit den hauptsächlich aus Gonsenheim stammenden Eigentümern brachte keinen Durchbruch.

Anfang Dezember zeigte sich zusätzlich, dass insbesondere Landwirte, die das Ackerland von den vielen Eigentümern gepachtet hatten, gegen den Standort Stimmung machten. Trotzdem konnten letztendlich 93 Grundstücke entlang der Saarstraße, also für den Stadionstandort Europakreisel I, vorvertraglich gesichert werden.

Hagelkorn

Presseartikel Mitte Dezember, in denen spekuliert wurde, dass Teile des Bruchweggeländes zur Gegenfinanzierung eines Stadionneubaus benutzt werden könnten, hagelten zusätzlich in die Erwerbsgespräche. Am selben Tag teilte ich den politisch Verantwortlichen mit, dass solche Spekulationen den Ankauf fast unmöglich machen könnten, womit ich im Nachhinein leider recht behielt.

Verbrannt
Bereits Mitte Februar 2007 war auch den Optimisten unter den Verantwortlichen klar, dass der Standort direkt am Europakreisel an einigen wenigen scheitern könnte. Deshalb wurde intern ein Alternativstandort diskutiert und einer ersten klimatischen Prüfung unterzogen.

Ein internes Protokoll vom 9. März 2007 vermerkt zu den geheimen Erwerbsverhandlungen in Bretzenheim lapidar: „Herr Graffé berichtet vom Sachstand der Erwerbsverhandlungen. Danach ist dieses Areal flächenmäßig machbar!"

An der Backe
Ende August 2007 hatte die GVG die Rahmenbedingungen für eine EU-konforme Ausschreibung erarbeitet und installierte im Herbst eine Arbeitsgruppe mit Mainz 05.

Am 5. Dezember 2007 wurde die GVG formal vom Stadtrat beauftragt, die Grundstücke zu erwerben und das neue Stadion zu bauen. Die GVG übernahm also die Eigentümer- und Bauherrenfunktion und hatte damit ein richtig großes und auch schwieriges Projekt „an der Backe".

Damals witzelte ich in einer internen Personalbesprechung: „Wir wissen doch alle, wie es läuft. Schließlich sind wir schon lange im Geschäft. Projektarbeit verläuft immer in sechs Stufen: Sie beginnt mit Begeisterung über den Auftrag und schlägt dann bald um in Ernüchterung. Wenn die Probleme kommen und die Arbeit zu viel wird, kommt die Verzweiflung, bei Fehlern sucht man die Schuld bei anderen, bestraft die Unschuldigen und zeichnet am Ende die Unbeteiligten aus. Das wird beim Stadionbau nicht anders sein!"

Doch chronologisch weiter: Am 19. Dezember 2007 wurde ein letzter Versuch unternommen, in einer Eigentümerversammlung für den Ursprungsstandort zu werben. Gleichzeitig wurden aber für den geheimen alternativen Standort alle Anstrengungen konzentriert.

Geheim
Um nichts dem Zufall zu überlassen, war in Vorgesprächen bereits der Weg geebnet worden, weshalb uns die 38 Eigentümer auch innerhalb von acht Wochen rechtsverbindliche Zusagen machten. Im Nachhinein bin ich mir sicher, dass dies nur möglich war, weil alle Eingeweihten gegenüber der Öffentlichkeit absolut dichthielten. Kaufverhandlungen über Grundstücke führt man nun einmal nicht über die Presse oder auf dem Marktplatz, denn solche Verhandlungen sind immer vertraulich und für die Betroffenen Privatsache.

Nach weit mehr als 1.000 Gesprächsterminen standen wir jetzt endlich vor dem Durchbruch. Die teils zähen und langwierigen Verhandlungen hatten mehr als 18 Monate gedauert.

Am 18. Februar 2008 beurkundeten wir den letzten wichtigen Grundstücksvertrag. Am darauffolgenden Tag präsentierte die Stadtspitze mit viel Presseauflauf den neuen Standort. ■

Standortsuche auf dem Luftbild
Mit den Grunstückseigentümern wurden mehr als 1.000 Gespräche geführt.

24. Februar 2010
3.288 Fertigteile warten auf ihre Montage, 900 Lkw-Fahrten sind zur Anlieferung erforderlich gewesen.

11. März 2010
Der größte Tribünenbalken hat ein Gewicht von 46.424 Kilogramm. Dagegen wiegt das kleinste Fertigteil (eine Blockstufe) nur ganze 138 Kilogramm.

DIE ENTSTEHUNG

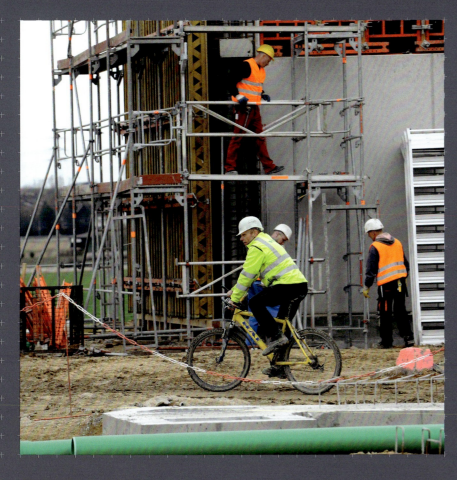

30. März 2010
22.000 Kubikmeter Ortbeton werden auf dem Baustellengelände hergestellt und verbaut.

6. April 2010

Präzision ist alles. Ortbeton und
Fertigteile passen exakt zusammen.

DIE ENTSTEHUNG

26. April 2010
Der Raupenkran wiegt 160 Tonnen und ist 7,35 Meter breit.

DIE ENTSTEHUNG

„'Eng, steil, laut', so hieß der Auftrag."

Martina Martin
Leiterin Projektentwicklung der GVG,
Projektleiterin Infrastruktur, Mainz

Die Auswahl

Nun war es also so weit! Mit der Standortentscheidung am 18. Februar 2008 erhöhten wir die Schlagzahl. Wir standen nun in dem Spannungsfeld zwischen stadtplanerischer Gestaltung und Budget, Nutzervorgaben (eng, steil und laut), Sicherheit für 34.000 Zuschauer, Ökologie, Informationsbedürfnis der Öffentlichkeit und Verschwiegenheitspflicht.

Bereits sechs Tage später war der Zeit- und Projektstrukturplan an den neuen Standort angepasst und das EU-konforme Ausschreibungsverfahren ausgewählt. Die Berater plädierten für ein Bieterverfahren. Letztendlich entschied die GVG sich für das bei einem Bauvolumen dieser Art und Nutzung noch niemals in Deutschland angewandte Vergabeverfahren „Wettbewerblicher Dialog". Um das Ergebnis vorwegzunehmen: Das Verfahren ist zeitaufwendiger und kostet auf beiden Seiten viel Kraft. Damit konnten aber die Bedürfnisse des Vereins besser in den Architektenentwurf eingebracht, ja dieser sowie die Erfordernisse des Vereins konnten weiterentwickelt und auf das Budget angepasst werden.

Störfeuer

Ein Störfeuer am 6. Juni 2008: Die Pächter der Ackerflächen des neuen Standorts wollten die Kündigung nicht akzeptieren und klagten vor dem Landwirtschaftsgericht in Alzey; letztendlich ohne Erfolg. Am 11. Juni wurden sieben leistungsfähige Bewerber aus dem europaweiten Teilnahmewettbewerb, den wir am 29. April veröffentlicht hatten, aufgrund ihrer Erfahrung und Leistungsstärke ausgewählt. Die Ausschreibungsunterlagen für Planung und Bau des Stadions waren am 26. Juni 2008 fertig und am 1. Juli an die Ausgewählten verschickt.

Um sicherstellen zu können, dass alle Wettbewerbsteilnehmer die Ausschreibungsunterlagen verstanden haben, wurde am 8. Juli ein Kolloquium abgehalten, bei dem Fragen zu den Angebotsunterlagen beantwortet wurden.

Spannung

Die eingereichten Angebote wurden am 23. September 2008 geöffnet. Zum ersten Mal sah das Prüfteam aus Experten der Stadt Mainz, des Vereins und externen Beratern unter Leitung von Ferdinand Graffé die Planentwürfe und die Kosten.

Natürlich müssen – und auch das ist Teil des Verfahrens – die Bemerkungen sowie Eindrücke in dem damals nur für das Prüfteam zugänglichen Besprechungsraum bleiben. Aus heutiger Sicht kann man sagen, die Arbeit hat sich gelohnt und es wurden alle Ziele erreicht.

Fragen

Der Auftrag war eigentlich klar: „Eng, steil, laut". Doch was ist das? Und wie setzt man das um, den Geist des Bruchweges mitnehmen, alle geforderten Funktionen erfüllen, ein modernes Stadion für weit über 30.000 Zuschauer schaffen, das Budget einhalten, komfortabel soll es sein, funktional und möglichst einzigartig in der Architektur? Wir standen also vor einem Berg von Problemen, nicht nur im inhaltlichen, sondern auch im materiellen Sinne. Jedes der sieben Angebote hatte fünf bis acht Ordner mit Plänen und Beschreibungen. Und jedes Angebot verfolgte unterschiedliche Ansätze.

Um Transparenz und Entscheidungskriterien zu erhalten, wurde in langen Sitzungen jeder Entwurf auf Funktionalität, Bedürfnisse des Vereins, Kosten und vorgesehene Materialien geprüft. Das Entscheidungsgremium – der Stadtvorstand und das Präsidium von Mainz 05 – bestätigte am 28. Oktober die Vorarbeit und erteilte den Auftrag, mit sechs der sieben Bieter in eine erste Dialogphase zu treten.

Vorentscheidung

Im November wurde mit jedem Bieter besprochen, was die Stärken und Mängel seines Entwurfes, der vorgesehenen Materialien und seiner Kalkulationspreise waren. Das hieß für das Team: zwei bis drei Bieter am Tag, jeder zwei bis drei Stunden, mit bis zu 15 Personen, in den Pausen intern abstimmen, sortieren und niemals wegen der Geheimhaltungspflicht Daten oder Namen verwechseln. Abschließend stellte das Prüfteam seine Arbeit und die Entscheidungen zu einem Bericht zusammen und beantragte beim Entscheidungsgremium eine erste Auswahlentscheidung.

Kurz vor Weihnachten 2008 stand fest: Drei Bieter bleiben im Rennen, drei scheiden aus. Im Januar 2009 wurden mit jedem der drei noch im Rennen verbliebenen Bieter Details besprochen: Was muss besser, was günstiger werden. Denn jetzt ging es auch ums Budget. Da jeder Entwurf die gestellte Aufgabe anders gelöst hatte, waren auch die Entwicklungsmöglichkeiten und Einsparpotenziale ganz unterschiedlich.

Knackpunkte

In den anschließenden Gesprächen ging es jetzt noch mehr ins Detail und die Termine dauerten länger. Erneut wurden die Bieter zur Anpassung ihrer Angebote aufgefordert, da mit jeder Gesprächsrunde die Knackpunkte mehr und mehr herausgearbeitet wurden. In den darauffolgenden intensiven Verhandlungsrunden bis Anfang April wurden mit den drei Bietern die geänderten Architekturentwürfe, inklusive der Raumaufteilung, der technischen Ausstattung und der geforderten Funktionen, und die vorgeschlagenen Materialen besprochen sowie die Preisangebote angepasst.

Lösung

Die drei vorliegenden Angebote erfüllten alle zum großen Teil unsere Vorstellungen an ein Stadion in Mainz. Und doch stach ein Entwurf daraus hervor. Das Prüf- und Verhandlungsteam hatte aber seine Arbeit nicht zu werten. Denn dafür gab es das Entscheidungsgremium, dem unsere Ergebnisse am 9. April 2009 vorgelegt wurden. Unter Vorsitz des Oberbürgermeisters und des Präsidenten von Mainz 05 wurden die Verhandlungsergebnisse besprochen und gewertet: Das Siegerteam war das Architekturbüro agn und das Generalunternehmen HBM. Leider konnte nicht sofort die Öffentlichkeit informiert werden. Es mussten Fristen abgewartet und allen Wettbewerbsteilnehmern musste Gelegenheit gegeben werden, die Entscheidung zu prüfen, um eventuell Rechtsmittel ausschöpfen zu können. Was auch prompt passierte.

Es dauerte über sechs Wochen, bis zwei Rechtsinstanzen die Entscheidung bestätigten, insbesondere darin, dass das Vergabeverfahren marktoffen und transparent für alle Bewerber durchgeführt worden war. Nach der Präsentation des Ergebnisses für die Öffentlichkeit am 3. Juni 2009 lagen zwei spannende Jahre vor uns, ausgefüllt mit der Ausführungsplanung und dem Bau des Stadions, der Organisation der Erschließung und Baulogistik sowie der Planung und Herstellung der Freiflächen. Das Ergebnis kann sich sehen lassen. ■

Schritt für Schritt ans Ziel

Wie der Bau der Coface Arena selbst ist auch das Auswahlverfahren ein Prozess, der in vielen kleinen Schritten zu einem stimmigen Gesamtergebnis führt.

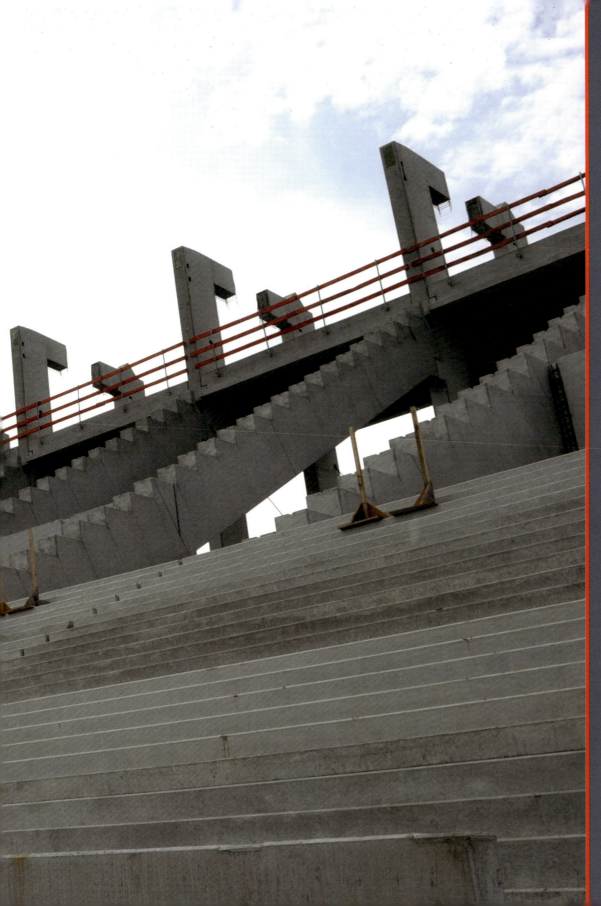

5. Mai 2010
Alle Fertigteile zusammen haben ein Gewicht von 21.500 Tonnen.

Vorige Doppelseite:
29. April 2010

10. Mai 2010

Der Bewehrungsstahl in den Betonfertigteilen wiegt allein 800 Tonnen.

DIE ENTSTEHUNG

18. Mai 2010

8. Juni 2010

12.527 Quadratmeter Hohlkammerwände werden gestellt und mit Ortbeton ausgegossen. 2.250 Lkw-Fahrten sind notwendig, um die Zuschlagsstoffe und 7.000 Tonnen Zement auf die Baustelle zu bringen, die für die Herstellung von insgesamt 22.000 Kubikmeter Ortbeton benötigt werden.

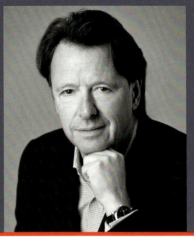

„Für die Coface Arena wendete die GVG ein neues Vergabeverfahren an und startete damit das bundesweit erste vergleichbare Projekt, das auf diesem Weg vergeben wurde."

Wolfgang E. Trautner (links)
Fachanwalt, HEUSSEN Rechtsanwaltsgesellschaft mbH, Frankfurt am Main

Dr. Claus Binz
Sport- und Rechtswissenschaftler, Geschäftsführer Institut für Sportstättenberatung GmbH, Euskirchen

Die Ausschreibung

Mit den Neubauten der Stadien in Gelsenkirchen und Rostock im Jahr 2001 begann die Erneuerung der deutschen Fußballstadien für die drei ersten Ligen. Die neuen Stadien sind nicht mehr nur monofunktionale Veranstaltungsstätten für den Fußball, sondern – auch ohne Leichtathletikanlagen – durch die umfangreiche und vielfältige Nutzung der Haupttribünen multifunktionale Veranstaltungsstätten.

Im internationalen Vergleich fällt auf, dass sich in Deutschland ein eigener Realisierungsweg durchgesetzt hat und die Erstellungskosten der deutschen Stadien, die funktional und qualitativ an der Spitze liegen, deutlich niedriger sind als im gesamten Ausland, mit Ausnahme der Niederlande.

Der wesentliche Grund für die niedrigen deutschen Erstellungskosten liegt im Realisierungsweg. Der bis dahin praktizierte „kommunale Weg" sah so aus, dass die Stadt sich durch einen Architekten ein Stadion planen ließ. Meist erfolgte der Planungsauftrag nach einem Entwurfswettbewerb oder einem VOF-Auswahlverfahren. Dieser Entwurf war dann die Basis für eine Ausschreibung der Baumaßnahme. Da das deutsche Vergaberecht – immer noch – von der Einzelgewerkvergabe als Regelfall ausgeht, wurde das Bauwerk in Einzelgewerken, selten auch als Generalunternehmerauftrag, vergeben. Die öffentlich auszuschreibenden Einzelgewerke mussten nach dem Prinzip des „wirtschaftlichsten" Angebots vergeben werden. Bei der Einzelgewerkrealisierung standen die Kosten erst nach Vergabe des letzten Gewerkes fest.

Projektentwicklung für erfolgreiche Planung

Wenn ein Planer ein Stadion so planen soll, dass es den spezifischen Anforderungen gerecht wird und zu wirtschaftlichen Kosten erstellt und betrieben werden kann, benötigt er detaillierte Vorgaben durch den Bauherrn. Dazu bedarf es umfangreicher Vorarbeit, die man als Projektentwicklung bezeichnet.

Im Rahmen der Projektentwicklung sind in der richtigen Reihenfolge die aufeinander aufbauenden Inhalte zusammenzutragen, die für eine erfolgreiche Planung benötigt werden, wie Markt- und Bedarfsanalyse, Nutzungs-, Betreiber- und Baukonzept, Businessplan Betreibung, Finanzierungskonzept und Realisierungsweg. Das Ergebnis der Projektentwicklung ist sowohl die Grundlage des Bauherrn für die Entscheidung der Machbarkeit, als auch die Basis für die gesamte weitere Umsetzung des Projektes (Planen, Bauen, Betreiben).

Da der Bauantrag für das Verhandlungsverfahren detailliert im Rahmen einer funktionalen Leistungsbeschreibung beschrieben werden muss, ist der Bauherr gezwungen, das Projekt selbst zu entwickeln. Er kann nicht, wie früher oft geschehen, dies durch einen Planungsauftrag an den Architekten delegieren. Diese Notwendigkeit hat meist zwei Effekte: Der Bauherr beschäftigt sich selbst im Vorfeld viel intensiver mit der „Machbarkeit" seines Vorhabens und bindet Experten für diese Aufgabe ein. In der funktionalen Leistungsbeschreibung werden nicht nur die planerischen und baulichen Leistungen beschrieben, die der Auftragsnehmer zu erbringen hat, sondern auch die Beschreibung der geplanten Nutzung, Betreibung und Vermarktung. In vielen Fällen war dies eine große Hilfe, wenn es in der Ausführung zu Unstimmigkeiten über das Leistungssoll des Auftragnehmers kam.

Der vorgeschaltete Teilnahmewettbewerb bietet die Möglichkeit, die Teilnehmer am Ausschreibungsverfahren auszuwählen. Bei entsprechender Ankündigung führt das dazu, dass an dem Wettbewerb ausschließlich Expertenteams mit großer spezifischer Erfahrung sowohl auf der Seite der Planungsbüros als auch der Bauunternehmen teilnehmen. Die gemeinsame Angebotserarbeitung durch Planer und Bauunternehmen mit dem Wissen darum, dass der Preis ein entscheidendes Zuschlagskriterium ist, führt zu günstigen Realisierungskosten. Das Bauunternehmen kann preiswerte Konstruktionslösungen schon in den Entwurfsprozess einfließen lassen und gemeinsam mit den Planern nach kostengünstigen Lösungen suchen.

Im Rahmen der Projektentwicklung bestimmt der Bauherr ein Kostenbudget. Das oben beschriebene Ausschreibungsverfahren erlaubt die Veränderung von Angebotsinhalten und Leistungsumfängen des Auftragnehmers und die Verhandlung des Angebotspreises. Damit ist die Einhaltung eines Kostenbudgets bei der Auftragsvergabe gewährleistet.

Am Ende des Verfahrensprozesses liegt ein endverhandelter Totalübernehmervertrag mit einem Pauschalfestpreis vor. Der Bauherr hat somit frühzeitig, vor Vergabe und Abschluss des Vertrages, eine hohe Kostensicherheit. Die Qualität der funktionalen Leistungsbeschreibung und das im Rahmen des Verfahrens detaillierte Raumbuch bestimmen den Grad der Kostensicherheit. Zusammen mit einer ausreichend bemessenen Position für Unvorhergesehenes ist dies die Gewähr für die Einhaltung des Kostenbudgets.

Der Mainzer Verfahrensweg

Ausgangspunkt war der Beschluss der Gremien der Stadt Mainz, mit Unterstützung des Landes Rheinland-Pfalz ein neues erstbundesligataugliches und multifunktional nutzbares Stadion zu bauen. Die Realisierung des Vorhabens wurde der GVG übertragen. Als öffentliche Auftraggeberin hatte sie sich an das europäische Vergaberecht zu halten. Nur in diesem engen rechtlichen Rahmen konnte der Auftrag für Planung und Bau des neuen Stadions vergeben werden. Die GVG hatte sich zum Ziel gesetzt, ein flexibles Verfahren zu wählen. Es sollte zwar den Wettbewerb zwischen den Wirtschaftsteilnehmern gewährleisten. Andererseits sollte es auch der Tatsache gerecht werden, dass nicht ohne Weiteres die technischen Mittel angegeben werden konnten, mit denen die Ziele und Bedürfnisse des öffentlichen Auftraggebers erfüllt werden sollten. Denn in dem Neubauprojekt des Stadions wurde zu Recht ein besonders komplexer Auftrag gesehen, also ein baulich bedeutendes Großprojekt mit diffizilen Anforderungen und einem begrenzten Budget.

Das Bauprojekt war durch seine Komplexität und Innovation von Planung und Ausführung gekennzeichnet. Die GVG und der 1. FSV Mainz 05 e.V. waren im Vorfeld nicht ohne Weiteres in der Lage, zu bestimmen, welches Stadionmodell den konkreten Vorstellungen und Bedürfnissen, zum Beispiel in Bezug auf Logen, Überdachung, Zuschauerstimmung, Zuschauerränge, Stadionform etc., am besten gerecht wird. Bei der Vielzahl der möglichen Gestaltungsvarianten ist für einen öffentlichen Auftraggeber die Entscheidung ohne die Hinzuziehung fachlich spezialisierter Bieter kaum möglich. Zudem bestand in technischer, künstlerischer, planerischer und konstruktiver Hinsicht ein besonders hoher Innovationsbedarf. ▶

Realisierungsweg

In mehreren Dialogrunden mit den Bietern ermittelte die GVG das beste Angebot für die Umsetzung des Bauprojekts.

Das Stadionprojekt stellte sich auch rechtlich und finanziell als anspruchsvolles Projekt für die Stadt Mainz und die GVG dar. Insbesondere musste das Verfahren sicherstellen, dass das Budget eingehalten wurde. Dazu erwartete man auch den Vorschlag eventueller Sponsoringpartner für die Finanzierung. Dadurch konnte es ebenfalls zu unterschiedlichen Finanzierungshöhen oder -modellen kommen. Vorstellbar wären für das Sponsoring etwa der ökologische Strombezug und die damit verbundenen Anlagen gewesen. Aber auch für andere Modelle bzw. Bereiche und Vorstellungen war die GVG offen.

Juristisches Neuland
Daher wollte die GVG verschiedene Gestaltungsmöglichkeiten kennenlernen und aufgezeigt bekommen, um anschließend zu entscheiden, welches Modell ihren Bedürfnissen am besten gerecht wird.

Dazu bot sich die Verfahrensart des sogenannten „Wettbewerblichen Dialogs" an, der erst wenige Jahre zuvor auch in das deutsche Vergaberecht eingeführt worden war. Zwar ist der Wettbewerbliche Dialog („Competitive Dialogue") in anderen EU-Mitgliedstaaten schon seit Langem gang und gäbe; in Deutschland betrat die GVG damit juristisches Neuland. Es war hierzulande das erste vergleichbare Projekt, das im Rahmen eines Wettbewerblichen Dialogs vergeben wurde. Die GVG versicherte sich daher der Unterstützung eines mit dem Thema erfahrenen Beraterteams.

Den Wettbewerblichen Dialog zeichnet es gerade aus, dass der öffentliche Auftraggeber nach einem öffentlichen Aufruf zur Teilnahme einen Dialog mit den zum Verfahren zugelassenen Bewerbern führt, um eine oder mehrere seinen Bedürfnissen entsprechende Lösungen herauszuarbeiten. Auf dieser Grundlage werden die ausgewählten Bewerber zur Angebotsabgabe aufgefordert. Das Verfahren durchläuft somit drei Phasen: Teilnahmewettbewerb, Dialogphase und Angebotsphase. Zur Logik dieses Verfahrens gehört es auch, dass sich die Teilnehmerzahl im Laufe des Verfahrens immer weiter reduziert.

Startschuss
Den Startschuss hatte die GVG mit der Veröffentlichung der Bekanntmachung im elektronischen Europäischen Amtsblatt Anfang 2008 gegeben. Nach einem vorher festgelegten Kriterienkatalog wurden sieben geeignete Bewerber ausgewählt.

Herzstück des ganzen Vergabeverfahrens war die Dialogphase, die aufgrund der Komplexität mehrere Dialogrunden erforderlich machte, die wiederum aus mehreren Gesprächsterminen bestanden. Die GVG hatte sich darauf festgelegt, dass jeder Bieter mit einem wertbaren Angebot zu mindestens einer Dialogrunde eingeladen würde. Diese Termine wurden mit den Bietern einzeln geführt. Ausgangspunkt war die Aufforderung zur Abgabe von Angeboten, die die Mindestanforderungen erfüllen mussten, die in einer funktionalen Leistungsbeschreibung festgelegt waren. Die sehr umfangreichen Unterlagen waren jeweils mehrere Aktenordner groß. Das gewählte Verfahren berücksichtigte, dass die GVG nur die wesentlichen Anforderungen und die von ihr gesetzten Bedingungen für die Leistungen vorgeben konnte, aber erst im Wettbewerblichen Dialog mit den Bietern das Bau- und Finanzierungskonzept auswählen würde, das die Vorgaben und Anforderungen optimiert. Deshalb gab die GVG im Verfahren die grundlegenden Anforderungen an die Planung und den Bau sowie das Nutzungskonzept des schlüsselfertig zu erstellenden Stadions vor.

Noch etwas Besonderes wurde in Mainz praktiziert: Nach Erhalt dieser Unterlagen bestand im Rahmen eines Kolloquiums für alle Bieter die Gelegenheit, einheitlich Fragen an die GVG zum Inhalt der Unterlagen und zum Verfahren zu stellen.

Die ersten Lösungsvorschläge
Von den im September 2008 vorgelegten sieben Angeboten wurden nur sechs in die Dialogphase übernommen. Ein Bieter schied aus formalen Gründen aus. Die in den sechs Angeboten abgebildeten Lösungsansätze waren genauso unterschiedlich wie die angebotenen Pauschalfestpreise, die um gut 17 Millionen Euro auseinanderlagen. Besonderes Augenmerk legte die GVG in allen anschließenden Dialogrunden auf die Einhaltung des Budgetrahmens.

Auf der Grundlage der eingereichten Angebote und der Erörterungen erhielten die Bieter im Anschluss an die jeweiligen Dialogrunden die Gelegenheit zur Präzisierung ihrer Angebote. Dabei wurden die Angebote nach Wertungskriterien beurteilt und es wurde darüber entschieden, ob die Angebote an einer weiteren Dialogrunde teilnehmen würden.

Wertungskriterien

Die Angebote wurden sowohl in den Dialogphasen als auch bei der abschließenden Zuschlagsentscheidung nach den Kriterien „Architektur", „Aufnahme des städtebaulichen Umfelds und des Landschaftsbildes", „Aufenthaltsqualität und Atmosphäre", „Kosten und Pauschalierung" sowie „Ökonomische Unterhaltung und Wartungsqualität unter ökologischen Aspekten" bewertet. Jedes dieser fünf Kriterien wurde gleich – also mit 20 Prozent – gewichtet.

Bei dem Kriterium „Architektur" wurden die Aspekte innere Gestalt, äußere Gestalt, insbesondere Fassaden und Dach, und Farbkonzept herangezogen.

Dagegen sollten bei dem Kriterium „Aufnahme des städtebaulichen Umfelds und des Landschaftsbildes" die Einbindung des Baukörpers in die Umgebung und seine Stadteingangsfunktion bewertet werden.

Bei der „Aufenthaltsqualität und Atmosphäre" waren die Sichtbedingungen auf allen Zuschauerplätzen, die interne Erschließung, die gastronomische Versorgung der Besucher, das Angebot an Toiletten, die Akustik und die Arbeitsbedingungen für die Mitarbeiter der Medien wichtig.

Bei diesen Kriterien wurden zwischen null für eine schlechte und bis zu zwanzig Punkte für eine überdurchschnittliche Lösung vergeben. Die Punkteverteilung erfolgte durch ein von der GVG berufenes Gremium aus Spezialisten der verschiedenen Fachbereiche.

Während sich die Punktwerte für das Kriterium „Kosten und Pauschalierung" anhand einer Formel mit Punkten für das Angebot mit dem niedrigsten Preis ergab, musste das Bewertungsgremium das Kriterium „Ökonomische Unterhaltung und Wartungsqualität unter ökologischen Aspekten" danach beurteilen, ob die ökologischen Aspekte möglichst vollständig erfüllt wurden und welche Betriebskosten bei den jeweiligen Lösungsvorschlägen zu erwarten waren.

Reduzierung des Teilnehmerfeldes

Aufgrund der ersten Dialogrunde wurde im Dezember 2008 beschlossen, in die nächste Dialogrunde nur mit den drei Bietern mit der höchsten Punktzahl zu gehen. Einer der drei ausgeschlossenen Bieter strengte ein Nachprüfungsverfahren bei der Vergabekammer Rheinland-Pfalz an, das aber nicht erfolgreich war. In dieser zweiten Dialogrunde wurde neben der Einhaltung des Budgets auch besonderer Wert auf die Einhaltung der Vorgaben aus dem Bebauungsplanverfahren, die technische Ausgestaltung, Qualität und Quantität der technischen Gegenstände sowie auf die Funktionen, Raumverteilung und Ausstattung gelegt.

Endgültige Angebote – Angebotsphase

Die GVG konnte nach Durchführung der zweiten Dialogrunde im Februar 2009 die Dialogphase insgesamt für abgeschlossen erklären, da mindestens eine Lösung gefunden wurde, die ihren Bedürfnissen entsprach. Die Lösungen aller drei verbliebenen Bieter wären für einen Zuschlag infrage gekommen. Damit stieg die GVG in die dritte Phase des Wettbewerblichen Dialogs ein – in die Angebotsphase. Dazu forderte die GVG die verbliebenen drei Bieter auf, ein abschließendes Angebot abzugeben. Bis Mitte März 2009 legten die drei Bieter ihre endgültigen Angebote vor, die in die bis zum Anfang April 2009 geführten Verhandlungsgespräche eingingen. Dabei musste beachtet werden, dass die darin enthaltenen Präzisierungen, Klarstellungen und Ergänzungen keine Änderung der grundlegenden Elemente des Angebots oder der Ausschreibung zur Folge haben durften. In diese Verhandlungsrunden mussten auch die kaufmännischen und rechtlichen Rahmenbedingungen im Hinblick auf den Generalübernehmervertrag aufgenommen werden.

In der abschließenden Sitzung des Entscheidungsgremiums am 9. April 2009 wurden die drei Angebote abschließend beurteilt. Dabei ergab sich, dass der spätere Auftragnehmer, die HBM, die mit deutlichem Abstand höchste Punktzahl bei der Bewertung anhand der Matrix erlangt hatte.

Endspurt: Vertragsverhandlungen

Mit diesem erfolgreichsten Bieter wurde unter Berücksichtigung der kaufmännischen und rechtlichen Rahmenbedingungen die endgültige Fassung des Generalübernehmervertrags verhandelt. Die Vertragsverhandlungen wurden Anfang Juni 2009 durch Unterzeichnung des Vertrags abgeschlossen, nachdem noch ein sogenanntes Vorinformationsschreiben die unterlegenen Bieter darüber in Kenntnis gesetzt hatte, dass sie den Zuschlag nicht erhalten würden. ■

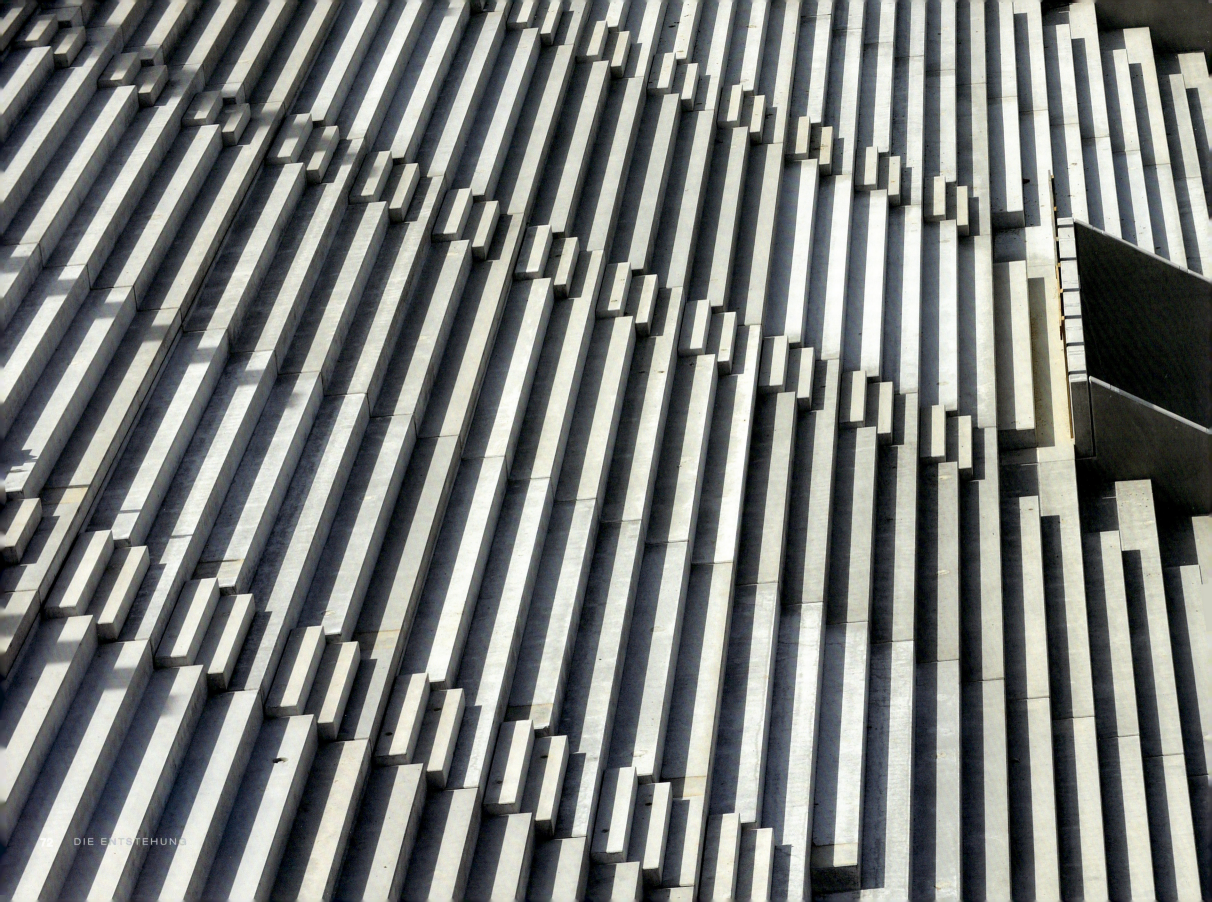

16. Juni 2010
Der verbaute Ortbeton erhielt
2.350 Tonnen Bewehrungsstahl.

21. Juni 2010

DIE ENTSTEHUNG 75

6. Juli 2010
Präzision ist ohne Planung nicht möglich.
Allein die statischen Berechnungen füllen
10.045 Papierseiten.

4. August 2010
Passgenaues Arbeiten erfordert präzise
Planung. Für das Stadion gibt es 5.573
verschiedene Pläne.

11. August 2010
Das zukünftige Spielfeld dient der Baulogistik
und die Unfallstatistik beweist wieder einmal:
Eine aufgeräumte Baustelle ist eine sichere
Baustelle.

11. August 2010
Das Dachtragwerk und die Eckfassaden
werden aus 1.165 Tonnen Stahl konstruiert.

19. August 2010
Auf das Dachtragwerk kommen 12.400 Quadratmeter Trapezblecheindeckung. Für die letzten acht Meter bis zur Rasenfläche werden 4.700 Quadratmeter Polycarbonatplatten eingedeckt. Sie sind zu über 90 Prozent UV-durchlässig.

DIE ENTSTEHUNG

„Die Architektur ist so signifikant, dass im Kamerabild sofort klar wird, wohin die Schaltung der Sportschau gegangen ist."

Dr.-Ing. Stefan Nixdorf
Geschäftsleitung agn-Gruppe/Partner, Ibbenbüren

Der Entwurf

Die Anforderungen an den Bautypus „Sport- und Versammlungsstätten" haben sich im Verlauf der vergangenen Jahrzehnte sehr stark verändert. Der Wunsch nach Sicherheit, höherem Zuschauerkomfort und einer besseren Vermarktbarkeit sind heute klare Vorgaben für neue Stadion-Entwürfe.

Sportstätten sind heutzutage sowohl Austragungsorte als auch Wirtschaftsunternehmen, die neben sportlicher Funktionalität auch ökonomischen und ökologischen Ansprüchen gerecht werden müssen. Ihre kulturelle Bedeutung als dauerhafter Identifikationspunkt ist als Zeitzeuge ein wichtiger Beitrag zur Baugeschichte. Stadien gehören zu einem bedeutsamen Ausdrucksmittel der Selbstdarstellung einer Gesellschaft, denn der Bautypus Stadion/Arena steht im Mittelpunkt des öffentlichen Interesses und übernimmt somit die Rolle einer Visitenkarte der Stadt.

Sie begeistert und berührt die Zuschauer. Die Menschen besuchen nicht nur das Spielereignis in ihrer Mitte, sondern erfreuen sich am Beisammensein. Sie teilen den Jubel im Triumph oder die Tragödie in der Niederlage. Es ist das Phänomen der Versammlung, denn das Gemeinschaftsgefühl der Zuschauer bleibt das Erlebnis, „sich selbst zum Besten zu haben" und in einem solchen „Krater" zusammenzukommen, der so einfach als nur möglich ist, „damit dessen Zierrat das Volk selbst werde" *(J.W. Goethe, Italienische Reise)*.

Diesen Emotionen schafften wir mit dem neuen Mainzer Stadion ein Zuhause.

Stadt-Tor und Landmarke

Die Coface Arena übernimmt die städtebaulich wichtige Rolle des neuen Stadteingangs Mainz. In unmittelbarer Nähe zur Saarstraße, die eine der Hauptzufahrtstraßen in die Innenstadt darstellt, kommt der neuen Arena nicht nur inhaltlich eine besondere Bedeutung für die Stadt Mainz zu. In dem weitgehend ebenen und überwiegend landschaftlich geprägten Weichbild der Stadt, kann die Größe des Bauwerks bereits von der Autobahn in Augenschein genommen werden. Aus diesem Grund ist die Wahl der Architektur des Stadions ▶

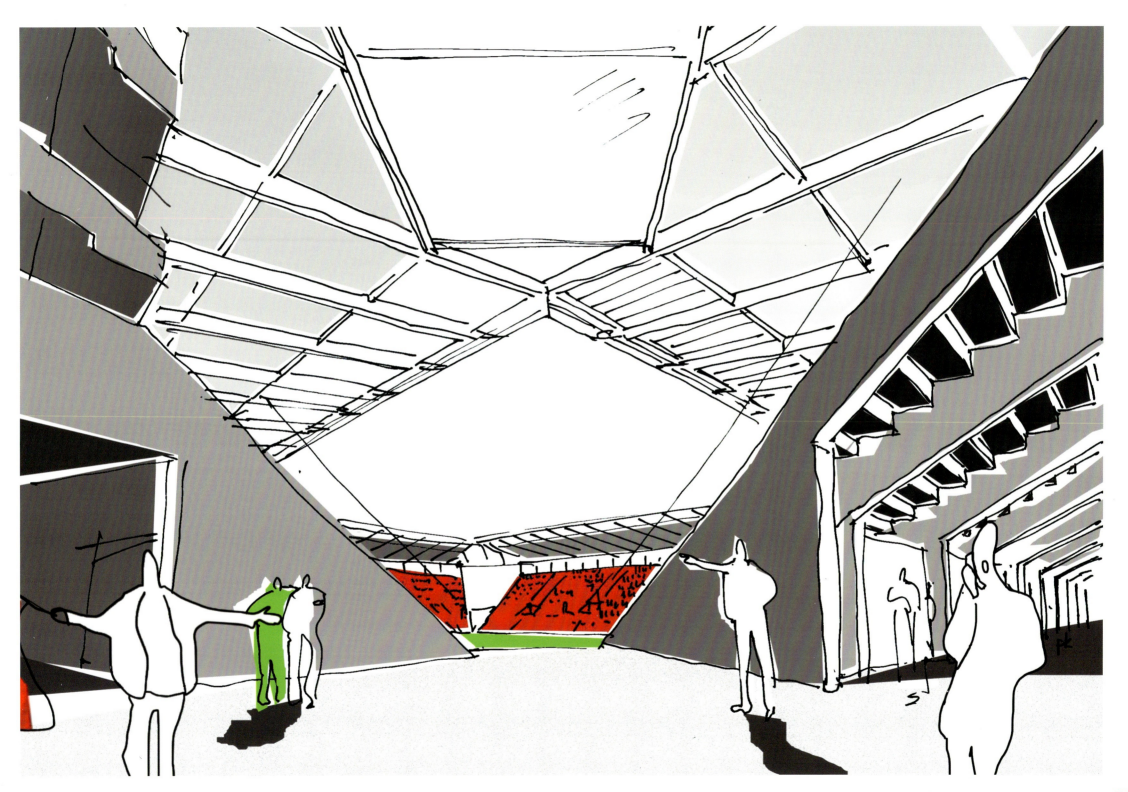

DER ENTWURF

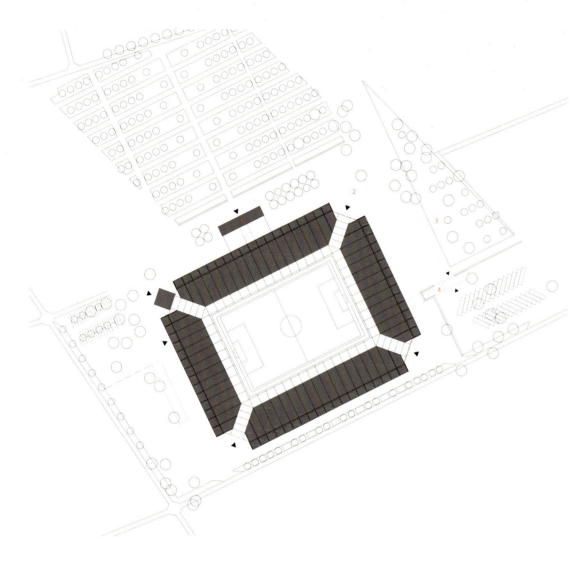

Lageplan

Vier Tribünen und ein Spielfeld: Frei stehende Tribünenbauwerke machen das neue Mainzer Stadion unverwechselbar.

besonders wichtig. Das Bauwerk greift diese Aufgabenstellung auf und übersetzt die Rolle des neuen Stadions in eine Architektursprache, die der inhaltlichen und funktionalen Bedeutung ebenso gerecht wird, wie der Position des Bauwerks als prominentes Stadt-Tor.

Architekturgestalt

Die Coface Arena ist inzwischen die neue Heimat des 1. FSV Mainz 05. Die Architektur ist wohlgeordnet, signifikant in ihrer Gestalt, und im Kamerabild wird sofort klar, wohin die Schaltung der Sportschau gegangen ist. Die Rechnung ist einfach: „Vier Tribünen und ein Spielfeld gleich Mainz 05." Das Alleinstellungsmerkmal frei stehender roter Tribünenbauwerke macht das neue Mainzer Stadion unverwechselbar. Mehr als 12.000 Fans stehen auf über 80 Reihen der roten „Mainzer Wand" im Westen wie ein zwölfter Mann hinter ihrer Mannschaft in einem der größten Einrangstadien der Bundesliga. Eine klassische Stadion-Geometrie britischer Prägung möglichst nahe am Spielfeld und mit steilen Tribünen für eine gute Sicht ist die wesentliche Entwurfsidee.

Die kompakte Form diszipliniert seine Tragkonstruktion in ein wirtschaftliches Acht-Meter-Raster, um für die Bauteile der Tribünenstufen und Zahnbalken möglichst günstige Spannweiten zu erzeugen. Der Rhythmus der Zugänge in jedem dritten Feld erleichtert die Orientierung im Gebäude ebenso wie die klare Nutzungsverteilung frei stehender außen liegender Gastronomie-Boxen und eines umlaufenden Service-Bandes mit WC-Anlagen, Erste-Hilfe-Stationen und sonstigen Nebenfunktionen im „Tribünen-Zwickel".

Die klare bauliche Trennung der Tribünenkörper bleibt in jeder Situation ablesbar und bietet in den offenen Ecken auch langfristig eine Ausbaureserve, die das Stadion an die kapazitären Anforderungen der Zukunft mit dann über 36.000 Zuschauern grundsätzlich anpassen kann.

Dreistufiges Ringsystem

Die Coface Arena wird von drei Erschließungsringen umlaufen:

Rettungs-Umfahrt

Aus sicherheitsstrategischen Gründen ist die allseitige Umfahrung des Stadions Voraussetzung. Die Rettungsfahrzeuge erreichen die Umfahrt über die südliche Rettungsachse von der Koblenzer Straße. Diese nicht öffentliche Straße wird entlang der Südtribüne bis zum Medienplatz auf der Westseite geführt, der über eine Rampe eine direkte Zufahrt in den Stadion-Innenraum 5,5 Meter tiefer ermöglicht.

Stadion-Umgriff

Da der Baukörper des Stadions wie auf einem Platz steht, erweitern die umlaufenden Verkehrsflächen vom Vorplatz aus alle Tribünenseiten. Hier ist der unkontrollierte Personenverkehr möglich, weil der Zaun direkt an die Außenseite des Bauwerks und der Inneren Promenade verlegt ist. Um eine ausreichend breite Erschließungs- und Entleerungsfläche zu erzeugen, erfolgt die Kontrolle erst an dieser Stelle.

Innere Promenade

Die zwölf Meter breite witterungsüberdachte Verweil- und Erschließungsfläche wird nur im ▶

Längsschnitt (oben) / Querschnitt (unten)

Eine klassische Stadion-Geometrie britischer Prägung möglichst nahe am Spielfeld und mit steilen Tribünen ist die wesentliche Entwurfsidee.

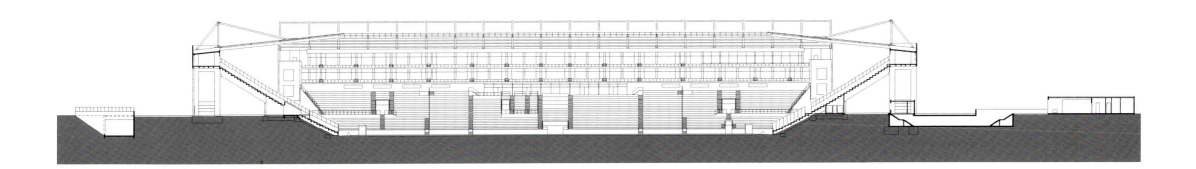

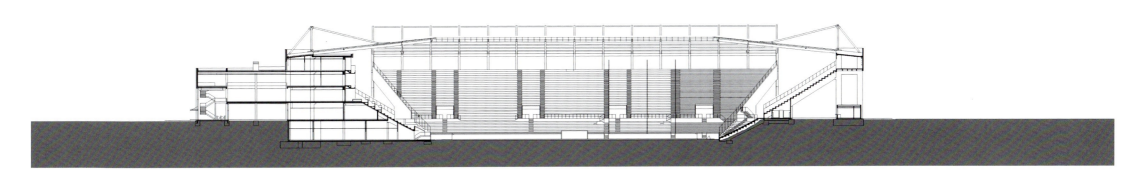

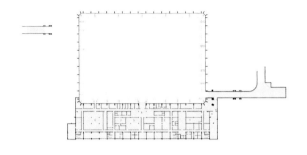
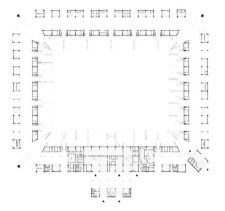
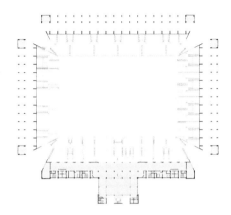

Bereich des Hauptgebäudes unterbrochen. Im Bereich der Gästefans ermöglicht eine Doppelzaunlösung die fußläufige Verbindung der Sektoren Ost und Süd für die Heimfans.

Konstruktionsprinzip

Bei dem Gebäude handelt es sich, bis auf die Dachebene, grundsätzlich um ein in Massiv-/Fertigteilbauweise hergestelltes Bauvorhaben. Das Bauwerk wird durch Fugen im Endausbauzustand in acht Segmente eingeteilt. In der ersten Ausbaustufe bilden die „offenen Ecken" die Fuge zwischen den vier Haupttribünen.

In einer optionalen zweiten Ausbauphase werden die Ecken zwischen die vier Bauteile der ersten Ausbaustufe eingesetzt, so dass sich im Endzustand acht Segmente ergeben. Um das Gebäude wirtschaftlich und termingerecht auszuführen, wurden hauptsächlich Fertigteile als tragende Bauteile verwendet.

Die Konstruktion der Regeltribüne besteht aus einer Stahlbetonrahmenkonstruktion (Betonleiter), die mit dem Tribünenbalken zusammen den Stützbock für die Queraussteifung bildet. Der Rahmen wird dabei so hoch geführt, dass er die Abhängung des Tribünendaches aufnimmt und so das Versatzmoment der 32 Meter auskragenden Konstruktion aufnimmt und über den Rahmen in den Baugrund einleitet.

Die Längsaussteifung wird durch einen Aussteifungsrahmen, bestehend aus der Rückwand der Firmenbox und den Wänden der „roten Tischbeine" am Ende einer Tribüne (eines Segmentes), erzielt.

Die einzelnen Tragelemente der Tribünenkonstruktion setzen sich wie folgt zusammen:

Tribünenelemente

Bei den Tribünenelementen handelt es sich um in Längsrichtung einachsig gespannte Spannbeton-Fertigteil-Tribünenplatten (Nordtribüne) bzw. schlaff bewehrte Faltwerk-Fertigteil-Tribünenplatten mit einer Dicke von circa 12 bis 17 Zentimetern, die auf Fertigteil-Tribünenbalken aufgelegt werden. Sie widerstehen allen dynamischen Belastungen, die in einem modernen Fußballstadion auftreten können.

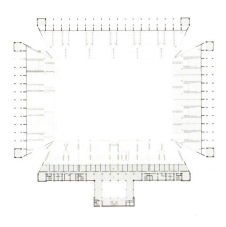
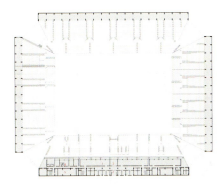

Grundrisse der Arena

Von links:

Untergeschoss: Umkleiden und Technik

Ebene 0: Fan-Shop und Gastronom

Ebene 1: Business-Club

Ebene 2: Logengalerie

Ebene 3: obere Logengalerie

Tribünenbalken

Der Tribünenbalken zur Auflagerung der Tribünenelemente besteht aus Stahlbetonfertigteilen. Der Tribünenbalken ist ein Teil des Rahmensystems in Querrichtung und dient somit auch dem Abtrag der Aussteifungslasten.

Stützen

Die Stützen dienen dem vertikalen Lastabtrag der Tribünenbalken. Sie wurden als Fertigteil-Köcherstützen ausgeführt.

Betonleiter

Die Rahmenkonstruktion dient dem Lastabtrag für die Tribünenkonstruktion und das Dach. Sie sind in einer optimierten Kombination aus Stahlbetonfertigteilen und Ortbeton ausgeführt. Das Hauptgebäude ist ein Massivbau mit Flachdecken aus Ortbeton. Die Aussteifung erfolgte über Stahlbetonwände in Längs- und Querrichtung. Die Stützen in den Achsen A und B nehmen die Lasten aus der Tribünenüberdachung auf.

Das Dach

Durch konsequentes und gleichmäßiges Acht-mal-Acht-Meter-Rastern ergibt sich für die Dachkonstruktion eine sehr ruhige, ästhetische und zugleich wirtschaftliche Lösung. Alle acht Meter gibt es Hauptträger mit einer Länge von 32 Metern. Diese Hauptträger lagern in der Achse B auf „Stahlbetonleitern" auf und werden nach 20 Metern mit Stahlrohren, unter circa 30 Grad, schräg vom Stützenkopf abgehängt. Somit ergibt sich für den Hauptträger das statische System eines Einfeldträgers mit Kragarm. Die Hauptträger wurden aus Stahlprofilen „HE-650A" gebildet und passen sich dem erforderlichen Kraftverlauf an. Die Abhängung aus Stahl muss sowohl Zug- als auch Druckkräfte aufnehmen. Darum kommt ein kreisförmiges Hohlprofil zum Einsatz.

In Längsrichtung werden die Hauptträger im Abstand von acht Metern mit Pfetten „HE-A 240" gekoppelt. Sie dienen als Auflager der Dacheindeckung und wirken gleichzeitig als Druck- und Zugglieder des Dachaussteifungsverbands. Als Dacheindeckung ist im Bereich der Achsen B bis E ein einfaches Trapezblech montiert, zum Spielfeld hin, zwischen den Achsen E und F, ist eine Eindeckung mit Plycarbonat-Doppelstegplatten zur Ausführung gekommen. ▶

Jubel auf der Stehplatztribüne

Die Architektur des Stadions begeistert und berührt die Zuschauer.

Farbe ist Identifikation

Die Kraft der Farbe ist jedes Wochenende aufs Neue zu beobachten. Tausende Fans strömen in die Stadien der Deutschen Fußball Liga, um ihren Verein zu unterstützen. Die zahlreichen Fahnen, Trikots und Schals dokumentieren nicht nur den Heimatanspruch, sondern zeigen selbstbewusst die fußballerische Herkunft. Dieses wichtige Element der Identifikation durch Farbe nutzt das Gestaltungskonzept für die eindeutige Definition und den Anspruch der Heimat des 1. FSV Mainz 05. Daher werden die markanten vier Tribünentische in vereinsroter Farbe koloriert.

Der leichte Glanz des Farbauftrags gibt den gestalteten Betonelementen eine Wertigkeit. Die Unterseite der Tribünenstufen faltet sich an ihrem oberen Ende zu einem „räumlichen Band". Dieses rote umlaufende Band verbindet nicht nur aus statischen Gründen die Tragstruktur der Tribüne, sondern fasst den Gedanken des Gemeinsamen zusammen.

Die Betonung dieses Bandes folgt auch einem funktionalen Gedanken, denn durch die räumliche Ausbildung dieses statischen Elementes entsteht ein neuer Nutzungsbereich hinter der letzten Tribünenreihe. Hier liegt ein Potenzial, andere/neue Ticketingkonzepte wie zum Beispiel Firmenboxen mit entsprechenden Stammtischen umzusetzen.

Die rote Vereinsfarbe oberhalb der Tribüne setzt sich auch im Stadioninneren fort und bestimmt eindeutig und unmissverständlich, wo sich der Besucher befindet. Er ist in der neuen Coface Arena Mainz. Das Rot der Tribünenbögen findet eine neue Antwort auf die Sehgewohnheit betongrauer Stahlbeton-Fertigteile.

Tag-/Nachtwirkung

Kein Gebäude existiert nur am Tage, und die meisten Veranstaltungen finden in den Nachmittags- und Abendstunden statt. Das bedeutet, dass dem Erscheinungsbild bei Dunkelheit eine besondere Rolle zukommt, da es für viele, die das Stadion als Zuschauer besuchen, der häufigste Eindruck ist. Durch den Einsatz von Licht gewinnt die Tribüne optisch an Leichtigkeit und an perspektivischer Tiefe. Der Wechsel der Perspektive durch die Bewegung im Annähern oder Umfahren des Stadionbaukörpers lässt eine immer transparentere Fassade entstehen, die sich bei Fortsetzung der Fahrt wieder zu schließen scheint. Die Lichtgestalt wird durch das weiße Flutlicht unter dem transparenten Teil des Innendaches noch einmal gesteigert und bildet ein imposantes Bild vor und nach dem Spiel. Der Schattenriss, den das Tribünenlicht erzeugt, scheint bei Nacht die Konstruktion der Trageelemente aufzulösen. Mit den einfachen Mitteln des Lichts wird die neue Coface Arena in Szene gesetzt.

Fassade

Da für die Innere Promenade durch das weit auskragende rote Band am oberen Ende des Tribünenaufrisses prinzipiell ein Witterungsschutz gegeben ist, bedarf es aus Sicht des Entwurfsverfassers keiner weiteren geschlossenen Fassade zum Beispiel aus großformatigen Glasfassaden. Witterungsoffene hinterleuchtete Gewebestrukturen sind vorgeschlagen, die ▶

Informationen kommunizieren und den Tribünenkörper hindurch scheinen lassen, wie zum Beispiel im Bereich des Fan-Treffs unterhalb der Westtribüne. Die geometrisch offenen Ecken sind durch eine hängende Glasfassade schalltechnisch geschlossen. Ein Stadion ist eine Spielstätte, dessen Spielfeld unüberdacht ist und daher eher den rauen Charakter eines Veranstaltungsortes im Freien hat. Prinzipieller Witterungsschutz bedeutet also nicht grundsätzlich vollständig geschlossene Klimahülle, vergleichbar mit einer Veranstaltungshalle. Der Charakter von Fußball hat mit frischer Luft zu tun. Im Bereich des Hauptgebäudes, dem Warmbereich, wird innerhalb der Promenade mit Sichtbetonelementen gegen den rohen Nutzungsanspruch eines Stadions eine Verkleidung angebracht, die in den Obergeschosszonen als Wärmedämmverbundsystem realisiert wird, das mit Grafik-Textil-Fassaden versehen werden soll.

West – „der zwölfte Mann"

Im Westen befindet sich die Stehplatztribüne und auf über 80 Reihen purer Emotion stehen über 12.000 Fans wie ein Mann hinter ihrer Mannschaft. Unter dieser Tribüne befindet sich der ebenerdige Fan-Treff. Ein witterungsgeschützter großer Bereich innerhalb der Promenade. Ein robuster Treffpunkt für alle und die neue Adresse für die Fans von Mainz 05.

Süd – „die Gegengerade"

Etwa 9.200 Sitzplätze befinden sich auf der Südtribüne. Um eine Sichtbehinderung der dahinter liegenden Stellplätze für Rollstuhlfahrer so weit wie möglich zu verhindern, wurde der gesamte Teil unterhalb der Mundloch-Zugangsebene um eine Reihenhöhe abgesenkt. Diese Plätze sind als Kann-Stehplätze konzipiert, die es ermöglichen, den fußballerischen Emotionen in einem Sitzplatzbereich auch stehend Ausdruck zu verleihen, ohne andere Zuschauer zu beeinträchtigen.

Die Aufstellflächen für die Rolli-Fans und ihre Begleiter sind barrierefrei erreichbar. Die Reihe 13 bietet über 130 Rollstuhlfahrern und ihren Begleitpersonen Platz. Die Aufstellfläche wurde in ihrer Größe von 0,90 mal 1,40 Meter entsprechend den FIFA-Vorgaben und abweichend von der DIN 18024 mit den Vertretern der Behindertenverbände Mainz abgestimmt. Weitere vier Plätze befinden sich im Business-Club. Unterhalb der Tribüne liegen entsprechende Service- und Versorgungseinheiten.

Ost – „Sitzplatzbereich Familie Heim / Steh- und Sitzplatzbereich Gast"

Mehr als 7.500 Zuschauer fasst die Osttribüne. Für Familien und Kinder sind gesonderte Bereiche reserviert.

Nord – „Hauptgebäude / Stadionadresse"

Im Warmbereich dieses Tribünenteils liegen sämtliche Hauptfunktionen von den Spieler- bis hin zu Presse- und VIP-Bereichen. Dieses Bauwerk organisiert sich über fünf Geschossebenen, wobei die flächenintensivste Nutzung des Business-Clubs als Brückengebäude nicht nur die umlaufenden Personenströme kreuzungsfrei hält, sondern eine eigenständige VIP-Adresse mit eigener Vorfahrt ausbildet. In der ersten Reihe nach dem Mundloch-Zugang befinden sich in der Nord-Ost-Ecke 30 Sitzplätze für Seh-, Hör- und Gehbehinderte. In der Nord-West-Ecke sind noch einmal so viele Plätze für Fans mit diesem Handycap vorgesehen.

Fußball-Nähe nach britischem Vorbild

Die Tribünengeometrie basiert dreiseitig auf einem gängigen 80/50-Zentimeter-Sitzplatz-Raster und wird auf der Haupttribüne in ein 90/60-Zentimeter-Raster überführt. Da die Sitzplätze des Business-Clubs nicht die volle Länge der Haupttribüne einnehmen, bleibt die Möglichkeit, die Verhältnisse zwischen Normal- und VIP-Sitzen zu verändern.

Alle Tribünen sind als Einrangtribüne organisiert, die im Normaltribünenbereich eine maximale Stufensteigung von 49,9 Zentimetern aufweist. 41 Reihen liegen hintereinander und bilden eine Tribüne. Um von der Nullebene der Inneren Promenade direkt und ebenerdig in den Tribünenraum zu gelangen, liegen die Mundloch-Zugänge etwa auf der Viertelhöhe, um die Zuschauerränge in der 13. Reihe zu erschließen. Das bedeutet die Absenkung des Spielfeldes um etwa 5,50 Meter. Dieses Maß richtet sich auch nach den Möglichkeiten der Unterfahrbarkeit im Bereich der Spielfeldzufahrt mit Großgerät (lichte Höhe 4,20 Meter), damit die Sicherheitskräfte ebenso wie Liefer- und Pflegeverkehr mit Fahrzeugen in den Stadion-Innenraum gelangen können.

Business-Brücke

Der etwa 2.500 Quadratmeter große Business-Club in der neuen Coface Arena liegt auf der ersten Ebene und überspannt den Stadionumgriff, um allen Gästen einen kreuzungsfreien Zugang zu ermöglichen. ▶

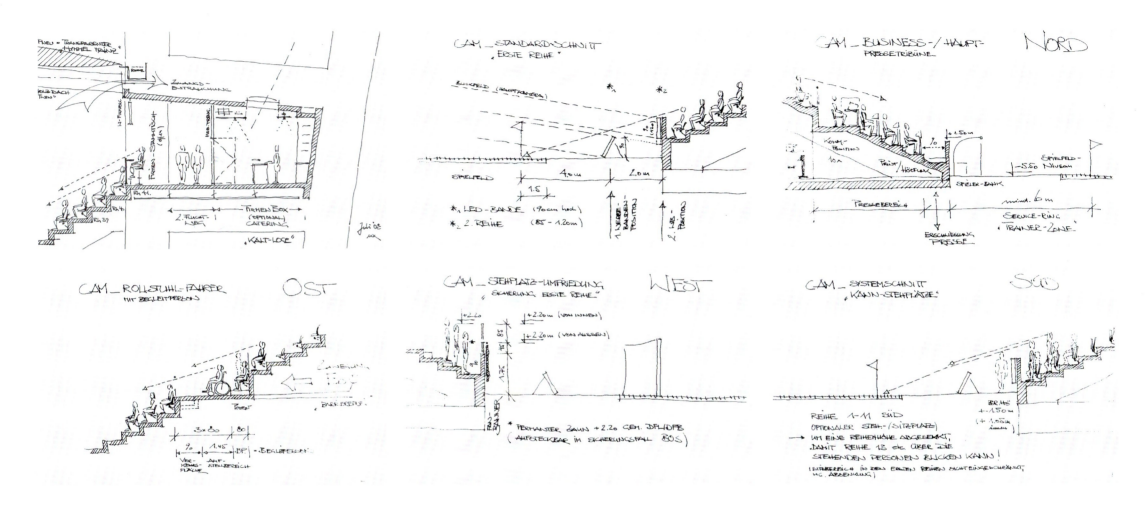

Komfortabel und sicher sitzen mit guter Sicht:

Reihe 1: Firmenstammtisch | Erste Reihe | Pressetribüne

Reihe 2: Barrierefreier Bereich | Tor West | optionale Stehplätze

Der Club ist die flächenintensivste Nutzung in einem Stadion und konnte in diesem Entwurf durch das Herausziehen dieses Bereiches als Brücke auch aus nutzungsspezifischen Gründen als kompakte Fläche verfügbar gemacht werden. Die Lounge heißt ihre Gäste mit einem zweigeschossigen Luftraum großzügig willkommen. Zwei große Glasfassadenflächen öffnen die Brücke nach Westen und Osten. Im Hintergrund kann man auf etwa 50 Meter Breite durch das Mainzer Panorama-Fenster bis ins Stadion schauen.

Auf einer umlaufenden Galerie, die den zweigeschossigen Veranstaltungsraum auf der Business-Brücke umrundet, befindet sich eine Erweiterung des Business-Clubs auf der Ebene „+2". Der gesamte Loungebereich kann neben den Spielbetriebsfunktionen multifunktional auch für andere Konferenz- und Tagungsanlässe genutzt werden.

Logenband

Die Haupttribüne hat zwei durchgängige Logenbänder, deren Gäste auf den Logenbalkonen sitzen. Die Zwischenwände sind durch die verwendete Trockenbauweise flexibel veränderbar und können je nach zukünftigem Bedarf auch in Doppellogen bzw. zu Großraumlogen umgebaut werden. Derzeit gibt es 27 Logen im zweiten Obergeschoss. Zwei Incentive-Boxen für je 85 Personen sind im oberen Logenband (drittes Obergeschoss) vorhanden und können veranstaltungsbezogen vergeben werden. Sieben weitere Logen und das TV-Glasstudio komplettieren mit den Räumen der Leitstelle (Stadion- oder Sicherheitszentrale) das dritte Obergeschoss der Haupttribüne.

Fan-Treff und Fan-Restaurant

Treff und Restaurant haben eine attraktive Lage an der Nord-West-Ecke. Im Winter kann die Promenadenfläche als Terrasse zum Stadion-Innenraum genutzt werden. Im Sommer bietet der angrenzende Biergarten eine attraktive Aufenthaltssituation.

Die Innere Promenade ist mit siebzehn Kiosk-Stationen ausgestattet, die zum Teil als Doppel-Boxen effizient zusammengeschaltet sind. Zwei der Kioske sind mit einer Bedienseite zum äußeren Stadion-Umlauf geöffnet, sodass eine Bewirtung der umliegenden Bereiche ermöglicht wird. Sie befinden sich auf der West- und Ostseite.

Zusammenfassend

Die Coface Arena in Mainz kennzeichnet den Höhepunkt einer gebäudespezifischen Entwicklung, die mit den Stadien der dritten Generation zum Zeitpunkt der WM 2006 in Deutschland begonnen (geplant und gebaut seit 2000) hat und heute als Vertreter einer „vierten" Generation eine beispielhafte Referenzfunktion für einen modernen Spielstättenbetrieb weit über die Grenzen der Bundesliga übernimmt.

Emotionale Nachhaltigkeit gepaart mit einer funktionalen und wirtschaftlichen Architekturplanung, einer partnerschaftlichen Abwicklung und einem Projektmanagement, das in der engen Klammer aus Kosten und Terminen bleibt, bietet eine Antwort auf die Fragestellung, wie heute ein modernes Stadion entworfen und gebaut sein sollte. ■

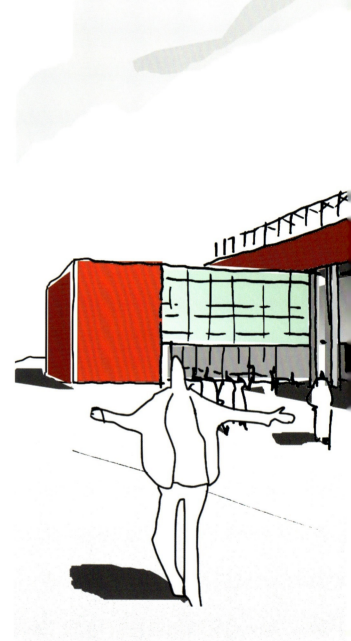

Die Vision des Architekten

Farbe ist Identifikation: Die markanten vier Tribünentische sind in vereinsroter Farbe koloriert.

DER ENTWURF

13. Oktober 2010

Zwischenwände: gemauert, geschraubt und geschweißt. Dazwischen Türen und Tore: 733 Stück.

DIE ENTSTEHUNG

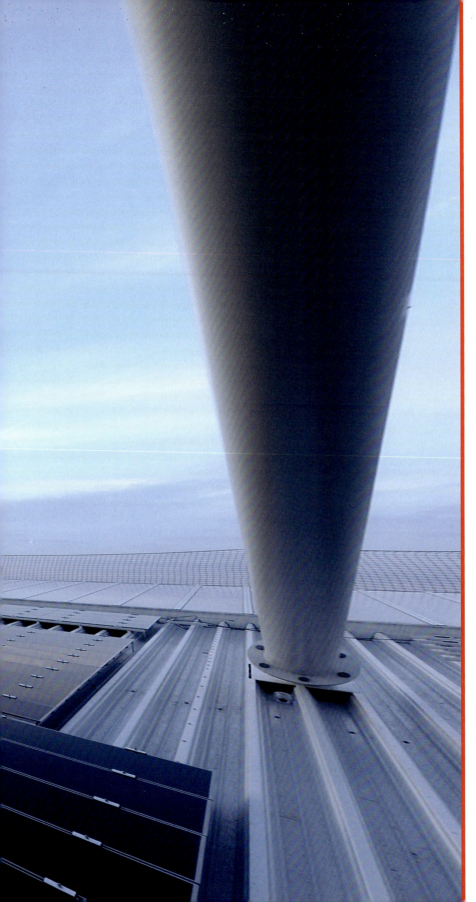

2. November 2010

Auf 9.000 Quadratmeter Dachfläche sind 11.000 Module mit einer Nennleistung von 846 Kilowatt installiert worden. Pro Jahr werden etwa 700.000 Kilowattstunden Strom erzeugt, das entspricht in etwa dem Bedarf von 200 Haushalten.

18. November 2010

Die Räume warten auf 219 Kilometer Starkstromkabel, 88 Kilometer Schwachstromkabel, 28 Kilometer Kabel für Funktionserhalt Stark- und Schwachstrom und 80 Kilometer Lichtwellen- und Datenkabel.

1. Dezember 2010

Die Heizleistung beträgt 1,4 Megawatt und kommt CO_2-neutral über die Fernwärme. Für die Kühlung sind 750 Kilowatt installiert.

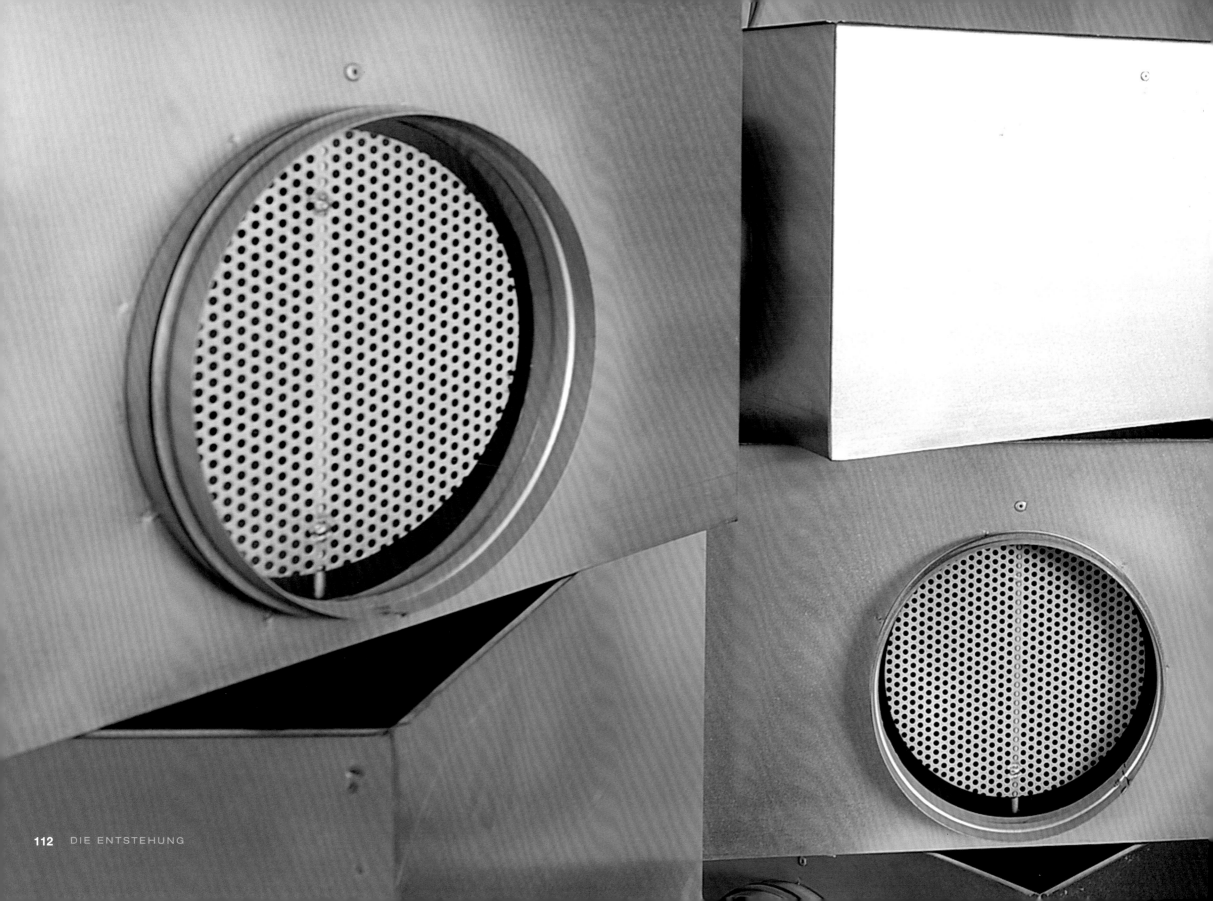

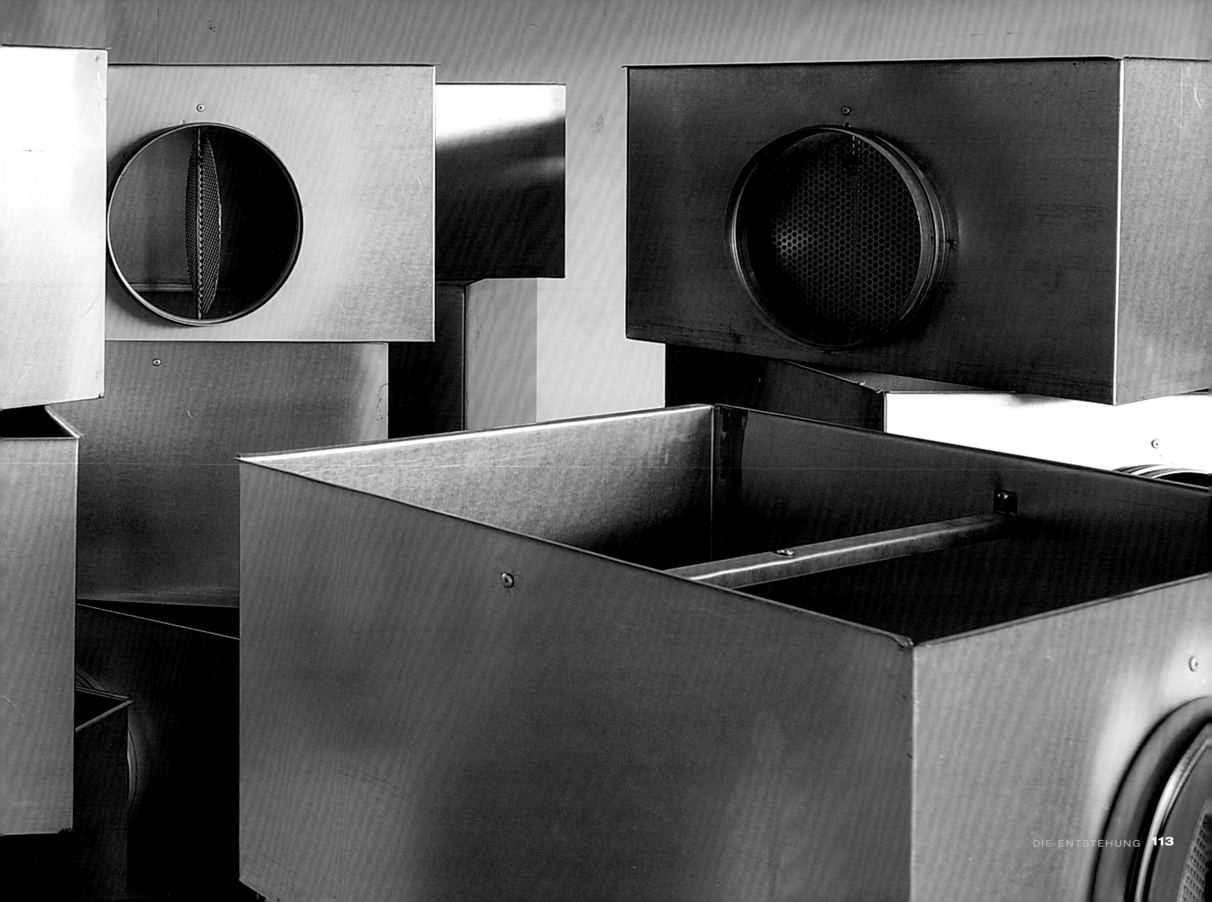
DIE ENTSTEHUNG 113

19. Januar 2011
61 Zwei-Wege-Lautsprecher, jeder in der Lowfrequenz effektiv 450 Watt, in der Highfrequenz circa 50 Watt. Die Spitzenleistung liegt bei circa 2.000 Watt. 105 Dezibel (ein Watt pro Quadratmeter) Empfindlichkeit und maximaler Schalldruck 138 Dezibel. Die Gesamtleistung liegt bei 30.500 Watt; die Spitzenleistung bei 122.000 Watt.

7. Februar 2011
Das 8.150 Quadratmeter große Spielfeld erhält seine Drainage- und Sprengwasserleitungen.

DIE ENTSTEHUNG

7. Februar 2011
Die Haupttribüne mit ihren vielen Funktionsräumen wird wärmegedämmt und erhält danach zur optischen Anpassung an die drei anderen Tribünen eine Betonvorsatzfassade.

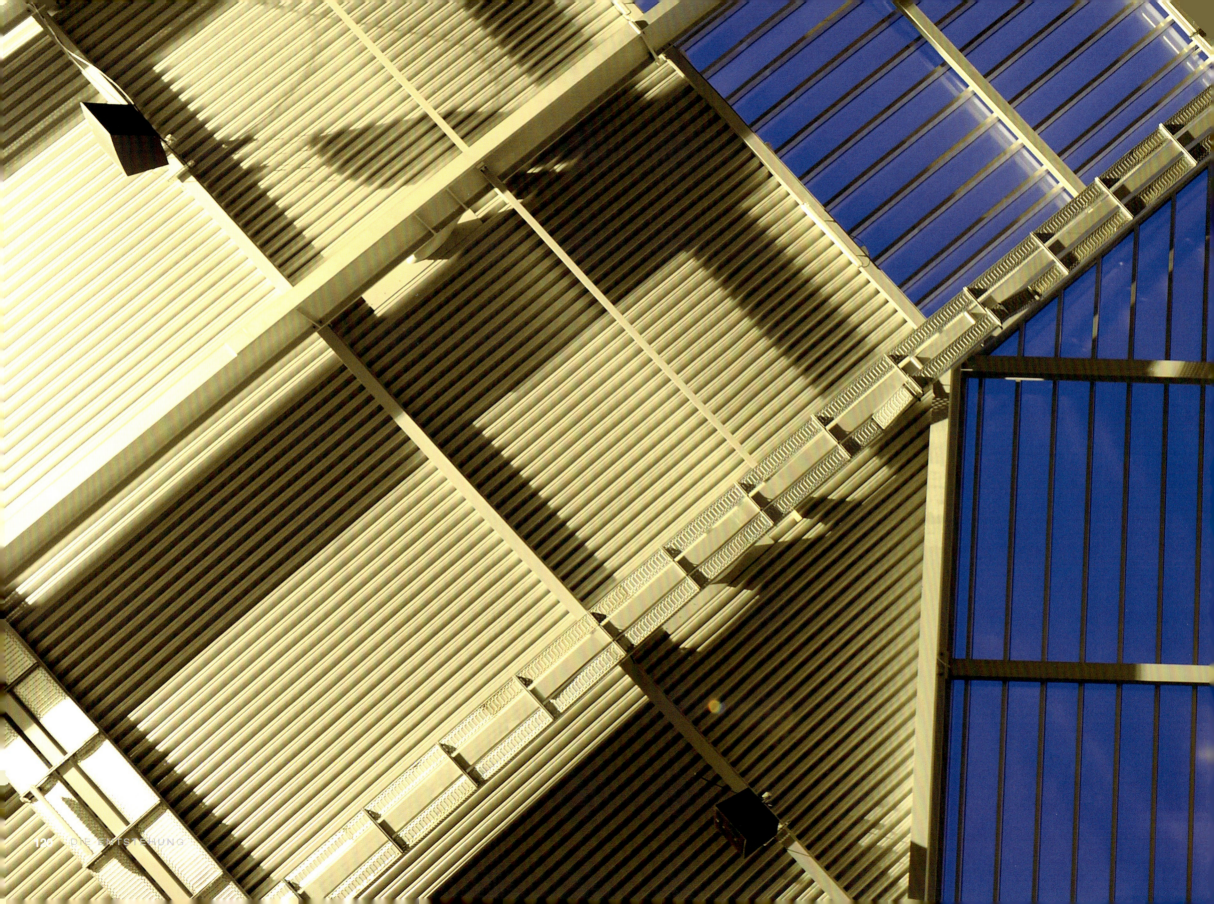

7. Februar 2011

Blicke in den Himmel.

7. Februar 2011
Anschlussrohre für die Rasenheizung, die aus der Fernwärmeversorgung CO_2-neutral gespeist wird.

DIE ENTSTEHUNG

2. März 2011
27.500 laufende Meter Heizrohr für die Rasenheizung werden händisch verlegt.

9. März 2011
Die Rasenheizung wird mit einem
Sand-/Mutterboden-Gemisch abgedeckt.

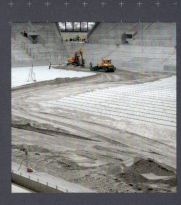

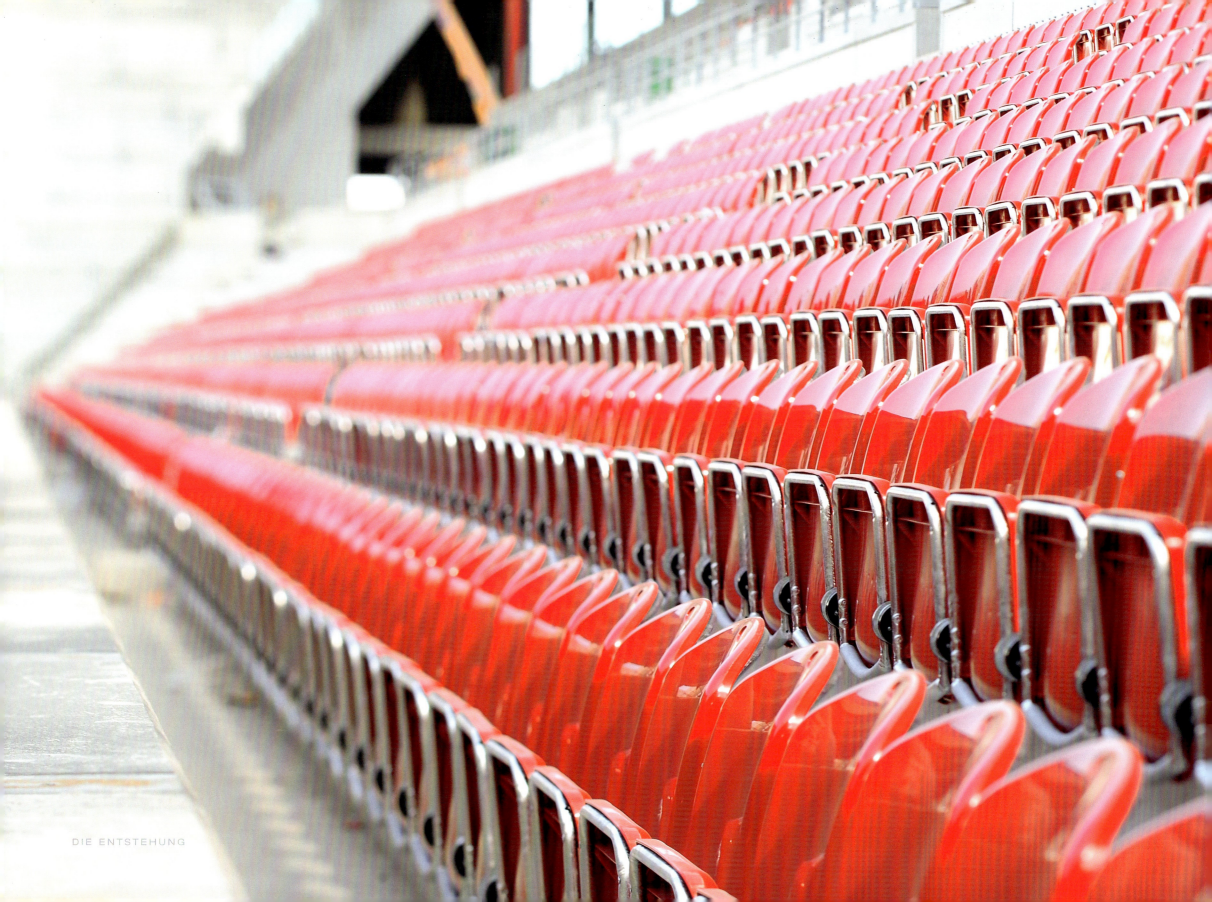

DIE ENTSTEHUNG

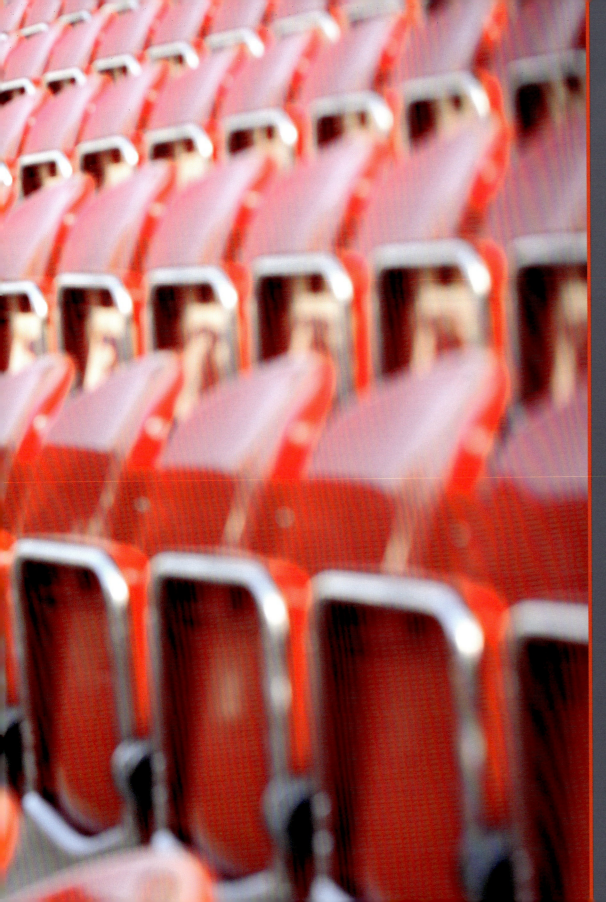

4. April 2011
20.000 Klappsitze werden montiert.

19. April 2011

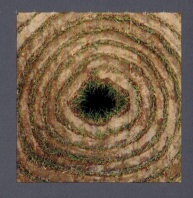

Vorige Doppelseite:
6. April 2011

DIE ENTSTEHUNG 139

DIE ENTSTEHUNG

26. April 2011

404 Bäume, 460 Sträucher, 1.160 Heckenpflanzen und 10.900 Stauden sind gepflanzt worden. 11.000 Meter Kabel für Freiflächenbeleuchtung, 1.000 Meter Steuerkabel, 3.000 Meter Leerrohre, 1.000 Meter Trinkwasserleitung, 700 Meter Hydrantenleitungen wurden verlegt.

26.800 Quadratmeter Fanbewegungsfläche (7.000 Tonnen Asphalt), 16.000 Quadratmeter Stellplätze (2.600 Tonnen Asphalt), 8.000 Quadratmeter Schotterrasen, 6.100 Quadratmeter (3.000 Tonnen Asphalt) für die Eugen-Salomon-Straße, 140.000 Tonnen aus Hartstein-, Kies- und Sandmaterial wurden an Unterbau für alle Freiflächen eingebaut.

Was für die Spieler der Rasen ist für die Fans vor und nach dem Spiel die Promenade. Sie hat rund 10.000 Quadratmeter Pflasterfläche und ist mit rund 250.000 Pflastersteinen belegt.

5. Mai 2011
140 Scheinwerfer mit einer Gesamtleistung von 330 Kilowatt erzeugen bis zu 1.400 Lux für TV-Übertragungen. Weitere fünf Schaltstufen mit gedrosselter Leistung sind per Knopfdruck abrufbar: Training, Wettkampf, Not-TV (1.000 Lux), Tribüne Not, Tribüne.

„Bäume und Hecken binden das Bauwerk in die Umgebung ein und entwickeln die Freiräume nachhaltig in einem unverwechselbaren Charakter."

Klaus Bierbaum
Landschaftsarchitekt, Gründer und Partner
bierbaum.aichele.landschaftsarchitekten, Mainz

Das Umfeld

Das Umfeld eines Fußballstadions ist aufgrund der schieren Größe nicht mit den üblichen Maßstäben und Kriterien einer Freiraumplanung zu gestalten. Maßstab für alle Planungsschritte, für alle Elemente, die man dazu entwickelt, ist der angrenzende Stadt- und Landschaftsraum, an dem sich die neu zu bauenden Strukturen orientieren und in den sie sich einfügen müssen.

Diese Aufgabe hat schon die alten Griechen und Römer beim Bau von Freiluftarenen zu eindrucksvollen Bauwerken inspiriert, die, oftmals kunstvoll in eine bewegte Topografie eingebettet, bewusst grandiose Blickbeziehungen in die jeweilige Umgebung inszenierten. Bei der Anlage einer Fußballarena auf freiem Feld, quasi vor den Toren der Stadt und im Übergang zum „Rheinhessischen Hügelland", konnte an diesem speziellen Standort auf keine besonderen topografischen Verhältnisse Bezug genommen werden. Stattdessen bildet die offene Ackerlandschaft mit vereinzelten Obstfeldern und den in Sichtweite liegenden Obsthängen ein eigenständiges, regional typisches Landschaftsbild, in das das Stadion durch die Adaption und Ergänzung schon vorhandener Vegetationsstrukturen behutsam eingebunden wurde.

Zudem galt es, nicht nur Lösungen für die zu beachtenden natürlichen Rahmenbedingungen, wie den Erhalt vorhandener Kaltluftströmungen, die Versickerung des anfallenden Niederschlagswassers auf dem Grundstücksareal sowie den Ausgleich für die Eingriffe in den Naturhaushalt, zu finden, sondern auch funktionale sowie infrastrukturelle Belange zu beachten. Nicht zuletzt spielte natürlich auch die Einhaltung des kalkulierten Budgets eine maßgebliche Rolle.

Funktionale Gestaltung der Außenanlagen

Die Besonderheiten des Standortes erschließen sich dem Besucher nicht nur, wenn er sich dem Stadion nähert, sondern auch aus dem Innenraum. Durch die offen gestalteten Ecken werden Blickbeziehungen in die Umgebung ermöglicht und stärken so die Identifikation zwischen dem regionalen Umfeld und dem Standort. ▶

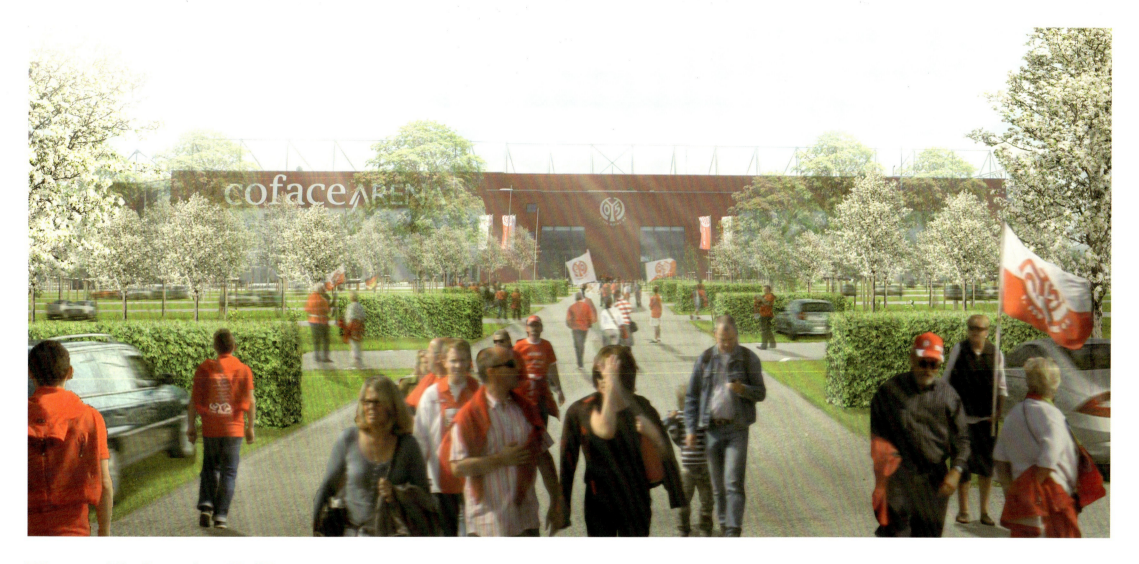

Bäume und Hecken geben Struktur

Visualisierung der Parkplätze, die mit Zierapfelbäumen überstellt und von Rotbuchenhecken begrenzt sind.

Die Gestaltung der Außenanlagen untergliedert sich, bestimmt von der jeweiligen Funktion, in entsprechend unterschiedliche Bereiche. Die unmittelbar an das Stadion grenzenden Flächen sind geprägt von den zu erwartenden Besucherströmen und dem damit verbundenen notwendigen Platzbedarf. Für Fußgänger ist das Stadion von allen angrenzenden Wegen zugänglich. Die meisten Besucher erreichen es vom Busbahnhof an der Saarstraße sowie über die neu geschaffenen Wegeverbindungen, weshalb dieser Zugangsweg besonders großzügig gestaltet wurde.

Zudem gibt es die notwendigen Einsatzflächen für die Fahrzeuge der Rettungsdienste sowie Lagerflächen für den Katastrophenfall. Auf der Südwestseite der Arena befinden sich, neben der Zufahrt für die Mannschaftsbusse, Flächen für die Technik- und Übertragungswagen der Rundfunk- und Fernsehsender.

Dies sind Flächen, ebenso wie die Stellfläche für die auswärtigen Fanbusse, die für die Öffentlichkeit während der Veranstaltungen nicht zugänglich sind. Alle diese Bereiche haben einen Belag aus Asphalt. Im Übergang zur Arena wurde graues Betonpflaster verlegt, das im Inneren des Stadions fortgeführt wurde.

Die im Nordosten an den Parkplatz für die Fanbusse angrenzenden Stellflächen für die Polizei- und Rettungsfahrzeuge sind mit befahrbaren Schotterrasenflächen hergestellt. Damit verbinden sich gleich mehrere für die Umwelt relevante positive Effekte. Zum einen wird die Versiegelung der Flächen minimiert sowie die Versickerung von Oberflächenwasser ermöglicht, und zum anderen wird ein Beitrag für ein grünes Stadionumfeld geschaffen. Gleiches gilt für die rund 1.200 Pkw-Stellplätze vor der Haupttribüne, die in Splittfugenpflaster bzw. überwiegend mit Schotterrasen angelegt wurden.

Stellplätze für Fahrräder werden dezentral angeboten. Es bestehen Stellplätze mit Anlehnbügel an allen vier Zugängen zum Stadion. Wobei im Südosten die Räder entlang von Handläufen abgestellt werden können, die gleichzeitig die angrenzende Grünfläche schützen. Auch diese Flächen sind mit Schotterrasen befestigt.

Ökologische und wirtschaftliche Regenwassernutzung

Ein wesentlicher Aspekt für die Ausbildung der Oberflächen ergibt sich aus dem Umgang mit dem Niederschlag, dem sogenannten Regenwassermanagement. Nicht nur, weil es der Gesetzgeber so vorschreibt, sondern auch aus eigenem ökologischem und wirtschaftlichem Interesse, stellt dies einen wichtigen Baustein innerhalb der Freiflächenplanung dar.

Lässt sich der Niederschlag auf den Freiflächen noch in einfacher Weise durch Ausbildung von Mulden mit hoher Versickerungskapazität lenken, so gestaltet sich die Aufgabe erheblich komplexer, wenn zusätzlich noch die gesamten Dachflächen der Arena und die Drainage des Spielfeldes hinzukommen. Da es sich bei den zu beachtenden Regenereignissen um Starkregen handelt, die in dieser Region in den Sommermonaten häufig vorkommen, wird deutlich, dass hierzu besondere Maßnahmen erforderlich waren.

Flächen, in die man das anfallende Regenwasser schadlos hätte einleiten können, waren nur eingeschränkt vorhanden und reichten für die maximal berechneten Ereignisse bei Weitem nicht aus. Zisternen oder voluminöse unterirdische Rigolen schieden unter anderem aus Kostengründen aus. Die Lösung für dieses Problem wurde durch den Bau von Staukanälen gefunden, aus denen nur so viel Wasser in die dafür angelegten Versickerungsflächen geleitet wird, bis die maximal mögliche Anstauhöhe erreicht ist. Danach erfolgt die sukzessive Nachspeisung, entsprechend der Intensität der Versickerung bzw. Verdunstung.

In einer der wärmsten und trockensten Regionen Deutschlands, mit nur etwa 570 Liter Niederschlag pro Jahr, müsste ohne diese Regenwassernutzung die Vegetation häufiger mit Trinkwasser versorgt werden. Die erzielte Wassereinsparung und die sich erübrigende Entsorgung von Niederschlagswasser führen somit zu den positiven ökologischen und wirtschaftlichen Effekten und tragen zu einer Kompensation des defizitären Wasserhaushaltes sowie zu einem Ausgleich der Eingriffe in den Wasserhaushalt infolge der Versiegelung bei.

Einbindung und Gliederung

Die eigentliche räumliche Einbindung des Bauwerks in die Umgebung wird durch die Anpflanzung von Bäumen und Hecken geschaffen, ▶

Verweilen unter Eichen

Visualisierung der Flächen rund um das Stadion: Gruppen von Zerr-Eichen beleben und gliedern die weitläufigen Flächen um das Stadion und spenden im Sommer wohltuenden Schatten.

die, abgestimmt auf die einzelnen Funktionsbereiche, nicht nur zu den angrenzenden Flächen vermitteln, sondern den Freiräumen am Stadion auch nachhaltig einen unverwechselbaren Charakter verleihen. Dass dabei den Farben Rot und Weiß (in den Blüten, den Früchten und der Herbstfärbung der Blätter) eine besondere Bedeutung zukommt, versteht sich wohl von selbst!?

Die Parkplätze sind überstellt mit kleinkronigen Zieräpfeln (Malus Evereste) und begrenzt mit Rotbuchenhecken (Fagus sylvatica). Im näheren Umfeld des Stadions beleben hainartig gruppierte Zerr-Eichen (Quercus cerris) die weitläufigen Platz- und Wegeflächen. Walnussbäume (Juglans regia), Hecken aus niedrigen Zieräpfeln (Malus Tina) und bodendeckende Walderdbeeren (Fragaria vesca) findet man am Rand der Anlagen im Übergang zur Feldflur.

Anders als das Bauwerk, das sich bereits zur Einweihung in einem fertigen Zustand präsentiert, benötigen die Außenanlagen naturgemäß noch einige Jahre der Entwicklung, bis die Vegetation mit ihren unterschiedlichen Strukturen die geplanten räumlichen Wirkungen entfalten kann. Darüber hinaus wird die zukünftige Entwicklung der angrenzenden Bereiche dazu beitragen, den gesamten Komplex noch besser in den städtebaulichen Kontext und in die landschaftlichen Strukturen ein- und anzubinden. ■

Stadionumfeld mit viel Grün

Links: Große Grünflächen sind ein wichtiger Bestandteil des Regenwassermanagements und damit der gesamten Freiflächenplanung. Rechts: Die rund 1.200 Besucherparkplätze vor der Haupttribüne sind überwiegend mit wasserdurchlässigem Schotterrasen angelegt worden.

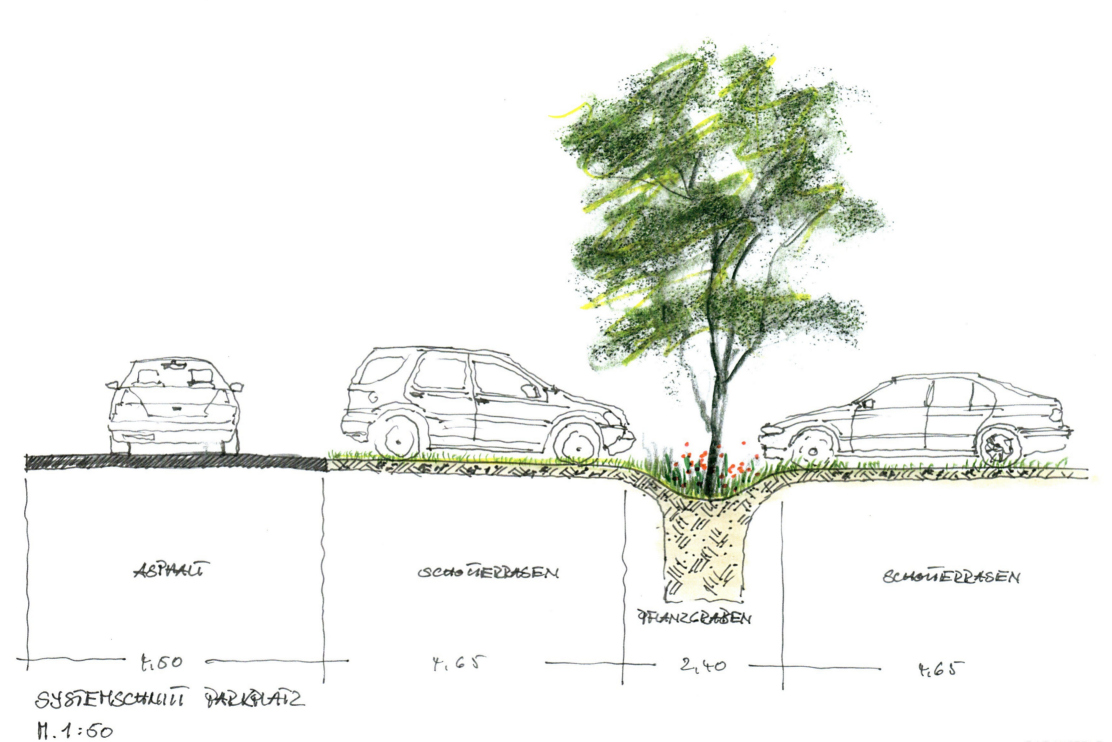

30. Mai 2011
1.500 Fahrradstellplätze.

DIE ENTSTEHUNG

7. Juni 2011
Rot im Inneren. Rot auch außen.
Für den Fassadenanstrich wurden
6.500 Liter Farbe verbraucht.

8. Juni 2011
20.197 Quadratmeter Filigrandeckenplatten wurden eingebaut.

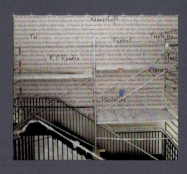

DIE ENTSTEHUNG

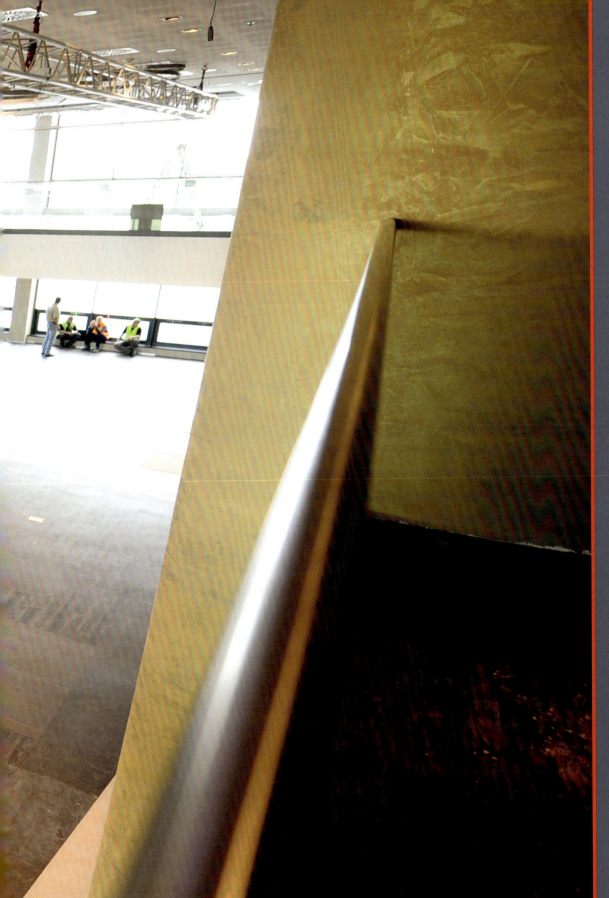

9. Juni 2011

DIE ENTSTEHUNG 159

*„Räume mit Charakter schaffen ein erlebnis-
betontes Ambiente und sorgen für nachhaltige
Raumeindrücke."*

Beate Lemmer
Innenarchitektin, Inhaberin des Büros
Lemmer Concepte, Mainz

Der Innenraum

„Lifestyle" ist das Motto der innenarchitektonischen Gestaltung des neuen Business-Clubs. Wenn früher ausschließlich fußballbezogene Veranstaltungen im Vordergrund standen, so kommen heute moderne Anforderungen zur flexiblen Vermarktung, zur wirtschaftlichen Positionierung und zum Eventmarketing dazu.

Die Aufgabe bestand also darin, Räume mit Charakter und erlebnisbetontem Ambiente mit nachhaltigen Raumeindrücken zu schaffen. Dies gelang mit warmen Farben und dem Einsatz hochwertiger Materialien. Außergewöhnliche und individuell steuerbare Szenarien wurden durch ein zukunftsorientiertes Lichtkonzept mit energiesparender LED-Technik umgesetzt.

Der gesamte Bereich der Ebene 01 wurde zunächst in vier bzw. sechs Vermarktungsbereiche gegliedert, die auch räumlich voneinander getrennt werden können. Dies sind das 05-Forum, der zweigeschossige Bereich im Herzen des Business-Clubs, Coface-Foyer, das direkt an die Haupttribüne angrenzt, die beiden Eventflügel, jeweils rechts und links des Foyers, und die beiden leicht erhöhten Eventlounges als Ausläufer der Eventflügel.

Eleganz und Größe im 05-Forum

Im 05-Forum wird der Mittelbereich gestalterisch herausgearbeitet und unterstrichen. Ein überdimensionales Logo des Vereins befindet sich als unaufdringliches Alleinstellungsmerkmal am Boden des zweigeschossigen Bereiches und wird durch die Position der Stehtische in der entsprechenden Form betont. Vier ovale, golden eingepackte Säulen bilden den Übergang zum Spielfeld und schaffen einen imponierenden, eleganten und Größe betonenden Raumeindruck.

Großzügigkeit und Höhe des Raumes werden außerdem durch raumhohe Banner unterstrichen, die in der abgehängten Decke verschwinden können und somit eine einfache Gliederung der Räume für die verschiedensten Veranstaltungsformen von Vernissage bis Fastnachtssitzung darstellen. Die halbtransparenten Stoffe, die durch Farblicht in LED-Technik ▶

Zentrale Gestaltungsprinzipien

Komponenten wie Rahmen, Säulen, Banner, Deckenelemente und Ecktheken werden in allen Räumen fortgesetzt und verleihen den individuellen Bereichen ein einheitliches Design.

Farb- und Proportionsstudie der Innenarchitektin

Durch flexible, raumhohe Banner können die verschiedenen Bereiche in Foyer und Forum voneinander abgetrennt werden.

individuell inszeniert werden können, sorgen noch zusätzlich für Atmosphäre.

Stimmung durch Licht und Farbe

Die warme Grundausleuchtung des Raumes wird durch leistungsstarke und gleichzeitig Strom sparende Leuchten gewährleistet, die so angeordnet sind, dass interessante Lichtflächen und Beleuchtungspunkte entstehen. Das Lichtkonzept wird durch den gezielten Einsatz von LED-Beleuchtung vervollständigt. Bodenstrahler im Bereich der goldenen Stützen, Lichtbänder und weitere flexible Beleuchtungsmöglichkeiten über eine zentral angeordnete Traverse schaffen und erweitern die Möglichkeit, die verschiedensten Raumeindrücke und Stimmungen zu generieren.

Das Foyer grenzt an das Forum an und kann durch flexible Banner von diesem abgetrennt und separiert werden. Hier sind zwei Getränketheken jeweils in den „Raumecken" angeordnet. Sie werden von einem mächtigen, circa 30 mal 30 Zentimeter starken Rahmen umgeben und dadurch als großes Bild inszeniert und mit einer aufwendigen, in Grau gehaltenen Spachteltechnik bearbeitet. Zu den Ecktheken wird an der gegenüberliegenden Wand je ein in Grau gehaltenes Pendant als „Kunstwerk" auf Plexiglas in Form einer modern umgesetzten Collage mit verschiedenen Wahrzeichen der Stadt angeordnet.

Mittig, den goldenen Säulen zugeordnet, sind die beiden mobilen Buffettheken angeordnet. Sie bestehen aus mehreren Einzelelementen, die bei Bedarf in unterschiedlichen Konstellationen zusammengestellt werden können. In diesem Bereich bestechen vor allem auch die rechteckigen, höherliegenden Deckenfelder, die durch weiße und farbige LED-Strahler die Deckenfläche waagrecht mit Parabeln ausstrahlen und auf diese Weise den langen Raum gliedern.

„Walk of Fame" mit Vereins-Logo

Diese Deckenelemente ziehen sich ebenso durch die beiden Eventflügel. Ein weiteres durchgängiges Gestaltungselement ist der „Walk of Fame" mit der in den helleren Teil des Objektbodens eingelassenen quadratischen Platte mit dem Logo des Vereins. Hier kann man sich einen 80 Meter langen Laufsteg für eine Modenschau oder aber auch eine 80 Meter lange Tafel, festlich eingedeckt, als den längsten Banketttisch in Mainz vorstellen.

Die beiden Eventflügel (Ost und West) werden von zwei weiteren Buffet- und Getränketheken bedient. Das Gestaltungselement des breiten, mächtigen Rahmens wird auch hier wieder aufgegriffen. Auch dieser Bereich kann durch das Herablassen von Bannern vom Coface-Foyer getrennt werden.

Die beiden erhöhten Lounge-Bereiche bilden jeweils den Raumabschluss. Sowohl als Eventlounge für die Spielerfamilien im Westflügel, als auch für eine mögliche Nutzung als Dinnerlounge im Ostflügel werden diese Bereiche mit einer legeren Loungemöblierung aus Sesseln und Hockern ausgestattet.

Lokalkolorit im VIP-Bereich

Das Gestaltungsprinzip aus Ebene 01 wird in der zweiten Ebene, der Galerie- und Logenebene, fortgesetzt. Auch hier finden sich die Ecktheken wieder, die an dieser Stelle jedoch als Buffettheken genutzt werden, und eine zentrale Getränketheke, von der aus die Fans im Business-Club und auch die Logenbesucher bedient werden.

Durch großformatige Bilder und raumhohe Türen zu den Logen wird die lange Wandfläche dieser Ebene gegliedert. Die beiden Großlogen mit individueller Ausstattung und noch weitere Einzellogen und Büros etc. befinden sich in Ebene 03.

Ein angemessenes Maß an Lokalkolorit wird durch kleine Details immer wieder im gesamten VIP-Bereich erlebbar – Schriftzüge, Spruchbänder, Texte und Bilder rund um das Thema Fußball, die Stadt Mainz und natürlich um den 1. FSV Mainz 05. ∎

Details, die es in sich haben

Großformatige Bilder rund um den Mainzer
Fußball sorgen für das gewisse Maß an Lokalkolorit
im VIP-Bereich.

30. Juni 2011

DIE ENTSTEHUNG

30. Juni 2011
Duschraum der 05er.

300.000 Einzelfliesen schmücken 12.500 Quadratmeter für 388 Urinale, 215 WCs für die Damen, 94 WCs für die Herren, 200 Waschtische, 10 Behinderten-WCs für 20.000 Sitzplätze und 14.034 Stehplätze.

Das Ergebnis

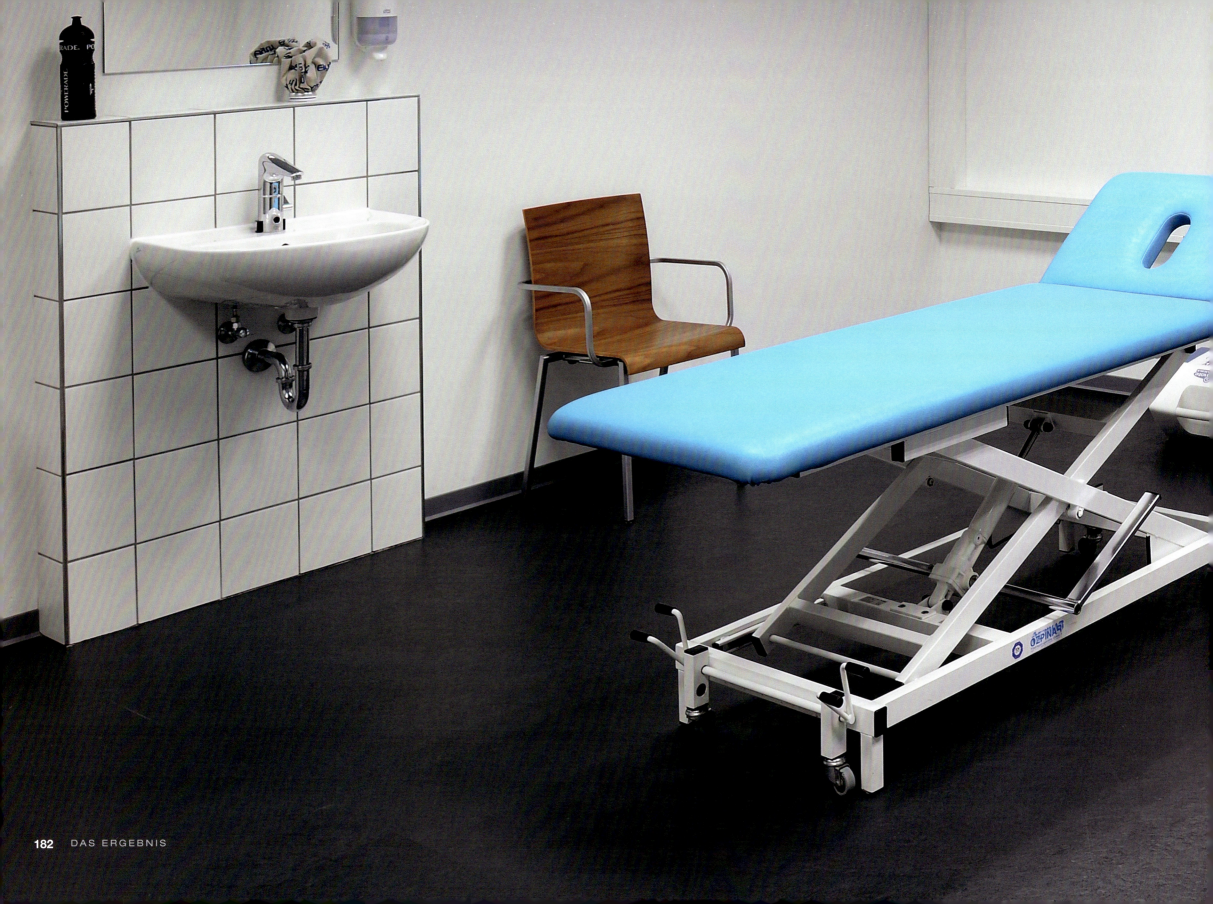

Das Bauteam

Wöchentliches Baustellengespräch

Von links: Stefan Bandholz, Friedhelm Andres, Dariba Spanos, Peter Wolf, Winfried Weiss, Martina Martin, Ferdinand Graffé, Thomas Reinel.

GVG-Backoffice

beim Baustellenbesuch.

HBM-Team

in Ausgehuniform bei der Grundsteinlegung.

Die Projektleitung

Von links oben nach rechts unten:
Susanne Pfeiffer, Sekretariat,
Winfried Weiss, techn. Projektleiter,
Peter Wolf, techn. Projektleiter,
Karl Rekittike, kaufm. Projektleiter.

Die Bauleiter

Von links: Wolfgang Kern, Thomas Klöhn, Roland Streb, Werner Eckmeier und Christian Ritzau.

Die Poliere

Volker Spieler und Gerd Kasper.

Impressum

Herausgeber:
Grundstücksverwaltungsgesellschaft
der Stadt Mainz mbH (GVG)
www.wirtschaft-mainz.de

Verlag:
© 2012 BESTFALL GmbH, Mainz

Redaktion:
Ferdinand Graffé, Martina Martin (GVG)
Bestfall GmbH –
Agentur für Public Relations und Events, Mainz
www.bestfall.de

Gestaltung:
seideldesign, Mainz
www.seideldesign.net
Katja Nida, Hochheim
www.katjanida.de

Druck:
Levien-Druck GmbH
www.levien.de

Auflage:
3.000 Exemplare

Alle Rechte vorbehalten.
Nachdruck nur mit Genehmigung des Herausgebers.

Die Autoren und Fotografen

Die Fotografen

Carsten Costard
Studio Carsten Costard, Budenheim

Alfons Rath
Bildagentur Rath, Schwabenheim (Luftbilder)

Die Autoren

Ferdinand Graffé
Prokurist der GVG, Generalbevollmächtigter für die Bauherrenschaft, Mainz

Martina Martin
Leiterin Projektentwicklung der GVG, Projektleiterin Infrastruktur, Mainz

Bernd Schmitt
Stadtplaner, Stadtplanungsamt Mainz

Dr. Claus Binz
Sport- und Rechtswissenschaftler, Geschäftsführer Institut für Sportstättenberatung GmbH, Euskirchen

Wolfgang E. Trautner
Fachanwalt, HEUSSEN Rechtsanwaltsgesellschaft mbH, Frankfurt am Main

Dr.-Ing. Stefan Nixdorf
Architekt, Prokurist und Mitglied der Geschäftsleitung der agn-Gruppe, Ibbenbüren

Klaus Bierbaum
Lanschaftsarchitekt, Gründer und Partner bierbaum.aichele.landschaftsarchitekten, Mainz

Beate Lemmer
Innenarchitektin, Inhaberin des Büros Lemmer Concepte, Mainz

Winfried Weiss
Technischer Projektleiter BAM Deutschland, Stuttgart (Baudaten)

Peter Wolf
Technischer Projektleiter HBM, Düsseldorf (Baudaten)